LE
GÉNÉRAL ABDELAL

OUVRAGES DU MÊME AUTEUR

Insurrections dans la province de Constantine, de 1870 à 1880.

De la fortification et de la défense de la frontière allemande-française (Traduction de l'allemand).

BOURLOTON. — Imprimeries réunies, B, rue Mignon, 2.

LE
GÉNÉRAL ABDELAL

PAR

LE COMTE DE MARGON

Chef d'escadrons au 8ᵉ chasseurs

PARIS

CALMANN LÉVY, ÉDITEUR

ANCIENNE MAISON MICHEL LÉVY FRÈRES

3, RUE AUBER, 3

1887

Droits de reproduction et de traduction réservés.

AVANT-PROPOS

A côté des grands généraux, Bugeaud, Lamoricière, Changarnier, Canrobert, Mac-Mahon, Bourbaki, d'Aurelle de Paladines, Chanzy, etc., qui ont illustré notre armée, il y avait en Algérie une pléiade d'hommes de guerre qu'on appelait *les Africains* [1]. « Le trait saillant de leur caractère était le courage dans

1. En parlant de la guerre d'Afrique, le maréchal Bugeaud disait : « Nous ne sommes ici qu'à l'école primaire ; mais, si nous savons profiter des leçons que nous y recevons, nous deviendrons certainement les meilleurs élèves des écoles secondaires. »

les combats, la résistance dans les fatigues, la constance dans les privations et les intempéries. Au point de vue militaire, il y avait bien une ombre à ces brillantes qualités. Pour certains d'entre eux, la maxime du *Débrouillez-vous!* et le cri *En avant!* tenaient lieu de l'instruction théorique. » Mais la pratique de la guerre avait développé en eux l'esprit d'initiative et de ténacité, un des principaux facteurs de la victoire.

Après le général Yusuf, le général Abdelal m'a paru être un des types les plus curieux parmi ces vaillants soldats qui sont arrivés à une haute situation dans l'armée, par leur bravoure, leur entrain et leur valeur indomptable, malgré leur peu d'instruction militaire et leur dédain peut-être affecté pour les questions de haute stratégie ou même de simple tactique.

Pendant mon séjour à Constantine, j'ai eu la bonne fortune de pouvoir me procurer des notes écrites au jour le jour de la main même du général Abdelal. Cette esquisse rapide d'une carrière militaire, passée tout entière en Algérie, présentait des aperçus nouveaux sur les événements qui se sont déroulés dans notre colonie depuis 1832 ; elle renfermait aussi des jugements pleins de finesse, des apprécations pleines d'originalité sur les hommes de cette époque et des détails curieux et dignes d'attention sur nos premières expéditions en Algérie.

J'ai trouvé là les éléments d'un ouvrage plus considérable, plus complet et pouvant offrir quelque intérêt.

A la mort du général, madame Abdelal a mis gracieusement à ma disposition des lettres et des notes nombreuses laissées par le défunt. C'est à l'aide de ces documents, pour la plupart inédits, que j'ai composé l'ouvrage que je livre au public.

En écrivant la vie du général Abdelal, je

n'ai pas cherché à en faire l'éloge. Les monographies, où il n'y a guère de place que pour la louange, ne sont pas toujours vraies et intéressantes. Je n'ai même pas eu l'intention de rappeler seulement les faits d'armes auxquels il a assisté et la part plus ou moins glorieuse qui lui revient dans chacune de ses actions. J'ai tenu surtout à faire connaître, sous leur vrai jour, certains épisodes ignorés ou peu connus de la guerre d'Afrique.

LE
GÉNÉRAL ABDELAL

I

Origine de la famille Abdelal. — Abdelal, agha des janissaires et chef des mamelucks, lutte d'abord contre les troupes françaises; il est fait prisonnier et reconnaît notre domination. — Bonaparte le nomme gouverneur du Caire; sa conduite pendant l'insurrection; il rentre en France avec les débris de l'armée française; se retire avec le grade de général de brigade à Marseille, où il meurt laissant une nombreuse famille. — Les premières années du général Abdelal; le général Savary, duc de Rovigo, l'emmène à Alger en qualité d'interprète.

Le général Abdelal comme son nom l'indique, n'était pas issu d'une famille d'origine française.

Son père, *Abdelal-Agha,* était chef des

mamelucks[1] et agha des janissaires[2] du Caire, lorsque l'armée française débarqua en Égypte, sous les ordres du général Bonaparte. Il fut d'abord l'un des plus fermes défenseurs de l'étendard du Prophète et s'illustra dans maintes actions. Il prit une part active au combat d'El-Ramanieh, poussa plusieurs

1. Dans l'opinion des Arabes d'Égypte, les mamelucks étaient des usurpateurs. Ils naissaient généralement chrétiens, étaient achetés à l'âge de sept ou huit ans, dans la Géorgie, la Mingrélie, le Caucase, apportés par des marchands de Constantinople au Caire et vendus aux beys. Ils étaient blancs et beaux hommes. Des dernières places de la maison, ils s'élevaient progressivement et devenaient *moultezins* de villages, *kiachefs* ou gouverneurs de province, enfin beys. Leur race ne se perpétuait pas en Égypte. Ils se mariaient ordinairement avec des Circassiennes, des Grecques ou des étrangères. Ils n'en avaient pas d'enfants ou ces enfants mouraient avant d'être arrivés à l'âge viril. De leurs mariages avec les indigènes, ils avaient des enfants qui vieillissaient; mais rarement la race s'en perpétuait jusqu'à la troisième génération, ce qui les obligeait à se recruter par l'achat des enfants du Caucase principalement. Mourad-Bey, Ibrahim-Bey furent achetés par Ali-Bey, sur le marché du Caire, à l'âge de sept ans. On évaluait à 50 000 les mamelucks hommes, femmes et enfants, qui existaient en Égypte, en 1798.

2. L'agha des janissaires était le principal général.

charges brillantes, à la tête des mamelucks, pendant la bataille de Chabrâkhyt, harcela constamment l'armée française dans sa marche sur Embabeh et fit des prodiges de valeur le jour de la bataille des Pyramides.

Mais ces charges brillantes et ces actes de bravoure individuels restèrent impuissants devant la cohésion et la discipline de notre infanterie. La défaite des troupes ottomanes fut complète et l'armée française entra triomphalement au Caire [1].

Dès ce moment, Abdelal-Agha n'eut plus l'espoir de repousser l'invasion des chrétiens d'Occident; il comprit que la bravoure n'était pas suffisante pour vaincre et que l'infanterie

1. Thèbes avait été la première capitale de l'Égypte. Memphis succéda à Thèbes. Les Ptolémées portèrent la capitale de l'Égypte à Alexandrie. Amrou fit construire une ville où avait été sa tente pendant le siège de Babylone. C'est aujourd'hui le Vieux-Caire. La nouvelle ville devint la capitale de l'Égypte et elle s'appela *Fostat*. Fondée en l'an 50 de l'hégire environ et de notre ère 663, elle ne prit le nom de *Caire* ou de *Grand Caire* qu'en 909 de J.-C. et

n'était pas aussi à dédaigner qu'il se l'était imaginé. Avant le débarquement des Français, il partageait l'opinion de ses coreligionnaires et témoignait la même confiance présomptueuse dans l'invincibilité de la cavalerie égyptienne. Les dix mille mamelucks n'eussent pas craint d'attaquer en plaine une armée de cinquante mille hommes de pied. Aussi, lorsque la nouvelle arriva au Caire qu'une armée d'infidèles avait attaqué et pris Alexandrie, qu'elle était fort nombreuse en infanterie, mais qu'elle n'avait pas de cavalerie, les beys et les aghas poussèrent des cris de joie : le Caire fut illuminé. « *Ce sont des pastèques à couper !* disaient-ils. Les infortunés ! C'est avec

368 de l'hégire, époque à laquelle Gowher, promu kalife des Fattimistes fit construire une ville qui y fut jointe et plus tard enfermée dans une même enceinte par Saladin. Elle devint la plus grande ville d'Afrique et une des plus florissantes du monde. On dit qu'elle était autrefois cinq fois plus grande que Paris et si peuplée sous le règne des sultans mamelucks, qu'en l'année de J.-C. 1343 et de l'hégire 744, la peste faisait mourir 20 000 hommes par jour.

ces illusions qu'ils se préparaient a marcher à la rencontre de l'armée française[1]. »

Leur mécompte fut grand. Dès les premiers combats, ils apprirent à leurs dépens ce que peuvent la discipline, la cohésion et l'unité de commandement dans l'action. Tout ce qu'ils voyaient bouleversait tellement leurs idées, qu'ils étaient portés à croire au sortilège. Le sultan français était à leurs yeux un magicien qui tenait tous ses soldats par une corde blanche, et, selon qu'il la tirait d'un côté ou de l'autre, ils allaient à droite ou à gauche se mouvant tout d'une pièce[2]. Les Égyptiens appelaient Bonaparte le *Père du Feu*, pour exprimer la vivacité de la mitraille et de la fusillade dont il les accablait.

Malgré les revers successifs éprouvés par l'armée égyptienne, Abdelal-Agha ne voulut pas abandonner l'étendard du Prophète. Il

1. Camille Rousset, *Campagnes d'Egypte.*
2. Camille Rousset, *Campagnes d'Égypte.*

suivit Ibrahim-Bey dans sa retraite et se signala encore au combat de Salheyeh. Ce jour-là, « les Arabes ayant déchargé leurs armes à bout touchant, et les voyant insuffisantes, ivres de fureur, les jetèrent à la figure des nôtres ; leurs pistolets, leurs tromblons, jusqu'à leurs cimeterres, ils lancèrent tout comme s'ils eussent voulu en finir et que ce combat fût le dernier ; puis, se précipitant eux-mêmes sur nos baïonnettes, ils les saisissaient, les mordaient de rage ! Abattus enfin, ils se trouvaient jusque dans les jambes de nos soldats et, en expirant, ils cherchaient encore à les déchirer. On en vit même qui, croyant nos soldats liés l'un à l'autre, retournèrent leurs chevaux effarouchés, les forcèrent à reculer, à se cabrer et à se renverser sur nos rangs pour les écraser et les ouvrir à ceux qui les suivaient[1]. » Après une lutte héroïque, corps à corps, Abdelal-Agha pénétra

---

1. *Mémoires* du général de Ségur.

dans un carré d'Infanterie, où il tomba criblé de blessures.

Fait prisonnier et conduit au Caire, où il fut traité avec les plus grands égards, il se convertit bientôt à la cause française et devin un des adeptes les plus convaincus des idées civilisatrices apportées par l'armée conquérante.

Doué d'une grande intelligence, d'un esprit observateur et ne se laissant pas aveugler par le fanatisme, comme les musulmans, Abdelal-Agha comprit tous les avantages que l'Égypte pourrait tirer des progrès de la science et de la civilisation moderne. Il se fit le propagateur de ses idées auprès de ses coreligionnaires.

Le général Bonaparte, qui savait apprécier les hommes, n'hésita pas à le maintenir dans ses fonctions d'agha des janissaires. Après, lui avoir fait prêter serment de fidélité, confiant dans sa droiture et dans son habileté, il le nomma gouverneur du Caire et le chargea d'une manière toute spéciale de la police de la ville. Il cherchait à s'attacher Abdelal-Agha par des bienfaits, pensant qu'un homme de cette valeur lui serait d'un grand secours dans l'œuvre de pacification qu'il voulait entreprendre. Il ne se trompait pas ; son choix fut des plus profitables au triomphe de notre cause. En peu de jours, Abdelal rétablit l'ordre dans le Caire et procura à l'armée française tout ce qui lui était nécessaire.

Ses fonctions de gouverneur le mirent en relation avec l'entourage de Bonaparte : il se lia avec plusieurs officiers et, en particulier, avec l'aide de camp du général, le commandant Savary, qui lui témoigna toujours, comme nous le verrons dans la suite, une franche et sincère amitié.

Lorsque Bonaparte proposa au grand divan [1] de changer le système qui régissait les pro-

---

1. Le grand divan était composé de dix-neuf membres ; le bey kiaga, l'émir hadgy, le trésorier du premier effendi, les quatre muphtis, les quatre grands cheikhs, et les sept députés des sept corps de milice.

priétés pour y substituer les lois de l'Occident,
cette proposition fit bien des mécontents. En
cette circonstance, Abdelal-Agha sut encore
calmer les esprits et faire accepter les projets
du conquérant. Pendant ce temps, les ingé-
nieurs français travaillaient sans discontinuer
aux fortifications et à l'armement de la citadelle du Caire. Ils avaient d'abord réparé les
fronts du côté de la campagne ; mais, lorsqu'en
continuant leurs travaux, ils arrivèrent aux
fronts de fortification du côté de la ville et
qu'ils firent démolir une mosquée qui obstruait
les remparts, pour élever sur ses décombres
de fortes batteries, les habitants témoignèrent
hautement leurs inquiétudes. Puis, quand on
procéda à la destruction des barrières qui
séparaient les cinquante quartiers de la ville,
les protestations devinrent plus grandes et, en
peu de jours, la fermentation des esprits fut
générale. Enfin lorsque le grand divan répartit,
sous forme d'emprunt, une somme de six
millions entre les divers corps de marchands

1.

du Caire, cette répartition suscita de nombreuses réclamations. Le palais, où le cadi donnait ses audiences, fut encombré d'indigènes venant réclamer contre les charges oppressives dont ils étaient l'objet. Le 22 octobre 1798, le nombre des protestataires fut plus considérable qu'à l'ordinaire. Abdelal-Agha, chargé de la police, qui suivait avec attention les mouvements de l'opinion populaire, se rendit ce jour-là au palais du cadi et fit prévenir de suite le commandant d'armes qu'un grand nombre d'hommes malintentionnés travaillaient le public et fomentaient la révolte.

Le général Dupuy [1] ne voulut pas croire à

1. *Dupuy* (Dominique), né à Toulouse, en 1764, servait à dix-neuf ans dans le régiment d'Artois comme soldat, puis dans les dragons de la garde nationale de Toulouse. En 1794, il est commandant en second du 1er bataillon de la Haute-Garonne et prend part aux campagnes de la Révolution. En 1798, il suit le général Bonaparte en Égypte, mérite par sa bonne conduite le grade de général de brigade, est nommé commandant du Caire et périt victime de l'insurrection des musulmans.

l'exactitude des renseignements donnés par Abdelal. Pensant que sa présence ramènerait l'ordre et calmerait l'effervescence des plus exaltés, il sortit seul pour se rendre au palais du cadi, et fut la première victime des insurgés. Des combats sanglants eurent lieu dans les rues, et Bonaparte dut agir avec vigueur pour arrêter ce premier soulèvement populaire. Pendant la lutte Abdelal resta fidèle à son serment et usa de son influence pour empêcher les progrès de l'insurrection; il alla trouver les grands *ulemas* et les cheikhs hésitants et, grâce à ses exhortations, il parvint à les faire rester dans une neutralité expectante.

Après le départ de Bonaparte, il continua à servir les intérêts de la France et seconda activement le général Kleber. Néanmoins la situation de l'armée française devenait chaque jour de plus en plus difficile en Égypte; les esprits étaient surexcités par les paroles ardentes des marabouts, qui prêchaient la guerre sainte, se sentant soutenus par l'Angleterre et la Turquie. Abdelal-Agha ne put empêcher l'insurrection qui éclata au Caire le 27 mars 1801 ; son influence et ses moyens de conciliation furent impuissants. Mais, après la soumission des révoltés [1], ce fut par son intermédiaire que le fameux chef des mamelucks, Mourad-Bey, consentit à traiter avec le général Kleber [2].

1. Quatre cents soldats ou officiers surpris à l'improviste dans les rues ou dans leurs demeures furent massacrés ; mais la répression fut terrible et coûta plus de six mille hommes aux révoltés. Kleber aurait pu comprimer promptement l'insurrection en recourant au bombardement ; mais il ne voulut pas détruire une ville si populeuse. Toutefois, pour faire un exemple, il mit à feu et à sang le faubourg de Boulouf.

2. *Kleber* (Jean-Baptiste), né à Strasbourg en 1754, voulut d'abord se faire architecte ; mais, dans une rixe, ayant pris parti pour des Allemands, ceux-ci lui proposèrent de l'emmener avec eux et le firent entrer à l'école militaire de Munich, d'où il sortit avec le grade de sous-lieutenant dans un régiment autrichien (1776). Après une expédition contre les Turcs, il quitta brusquement l'armée (1783) et revint à Strasbourg pour y continuer ses fonctions d'architecte. En 1792, il s'engagea dans le 4e bataillon du Haut-Rhin, où on lui conféra le grade d'adjudant-major ; à la dé-

Abdelal-Agha était encore gouverneur du Caire, lorsque le général Belliard[1] se vit contraint de capituler. Dévoué à notre cause et devenu suspect à ses coreligionnaires, il n'hésita pas à subir le sort malheureux de nos

fense de Mayence, il fut nommé adjudant général et, en 1793, général de brigade, et chargé de combattre les Vendéens. En 1795, il fut envoyé à l'armée du Nord avec le grade de général de division, puis il prit part à l'expédition d'Égypte, fut nommé commandant en chef de cette armée au départ de Bonaparte et mourut assassiné le 14 juin 1800.

1. *Belliard* (Augustin-Daniel, comte), né à Fontenay-le-Comte en 1769, commença à se distinguer comme chef d'état-major de Dumouriez. Devenu suspect par suite de la défection de son général, il subit un court emprisonnement et fut destitué. Il s'engagea alors comme simple volontaire et arriva rapidement au grade dont il avait été dépouillé; il fit les guerres de Vendée et d'Italie et fut nommé général de brigade en 1796. Il fit partie de l'expédition d'Égypte et obtint le grade de général de division après la prise du Caire. De retour en France, il fit toutes les campagnes de l'Empire. Il fut nommé commandeur de la Couronne de fer en 1809, grand-croix de la réunion en 1813, pair de France le 4 juin 1814, chevalier de Saint-Louis le 18 juillet 1814, grand-croix de la Légion d'honneur le 23 août 1814. En 1831, il fut envoyé comme ambassadeur en Belgique, signa le traité qui séparait définitivement ce pays de la Hollande et mourut en 1832, à Bruxelles, d'une attaque d'apoplexie.

troupes. On lui donna un sauf-conduit pour se rendre à Giseh [1] et, de là, en France. Il partit avec les cavaliers qui devaient former plus tard les mamelucks de la garde, et fut placé à leur tête.

Il conserva cette position pendant près de deux ans; mais, en 1803, les nombreuses blessures dont il souffrait horriblement l'obligèrent à renoncer à la vie active. Il lui coûtait cependant de se séparer de ses anciens camarades auprès desquels il avait combattu si longtemps ; il se raidit d'abord contre la souffrance, puis ses forces le trahirent et le mirent dans

1. Voici le sauf-conduit qui lui fut délivré :

« Au Caire le 19 messidor, an IX, de la République française, une et indivisible,

» Le général Belliard, commandant la place du Caire.

» Les postes français laisseront passer, pour aller à Giseh, les effets et animaux détaillés cy-bas, appartenant à l'aga de la police. Deux chameaux chargés d'effets, quatre chevaux, un âne, le tout accompagné par six domestiques.

» BELLIARD. »

la nécessité d'abandonner son commandement [1].

Il fut retraité avec le rang de général de brigade et gratifié par le premier consul d'une pen-

[1]. Quand Abdelal-Agha se rendit à Marseille, il reçut le
laissez-passer suivant :

« Au quartier général à Paris, le 4 germinal an x de la
République française une et indivisible,

» Léopold Berthier, général de brigade, chef de l'état-
major, invite les autorités civiles et militaires à laisser
passer librement le citoyen Abdelal-Agha, réfugié égyptien,
considéré comme général de brigade, se rendant à Marseille, où il a fixé sa résidence; prêtez-lui aide et assistance
au besoin.

» Berthier. »

Il reçut, plus tard, le certificat suivant : « Maison de
l'empereur. — Je certifie que M. Abdelal-Agha, réfugié
égyptien en France a, pendant tout le séjour de l'armée
française en Égypte, donné des preuves constantes de son
dévouement à l'armée, rempli la place d'aga des janissaires avec tout le zèle possible, et contribué par ses soins
au maintien de la tranquillité publique, et que je n'ai que
de bons témoignages à rendre à sa conduite. — En foi de
quoi j'ai délivré la présente attestation. — A Paris, le 6 juin
1811. — L'ex-directeur général des revenus publics de
l'Égypte, trésorier général de la couronne.

» Comte Estève. »

sion considérable. Depuis qu'il était en France, il avait reçu à différentes reprises les offres les plus séduisantes du gouvernement égyptien. On lui promettait de lui rendre ses biens et les honneurs qu'il avait perdus, à la condition qu'il retournerait au Caire. A toutes ces avances il répondit par un refus formel, s'étant voué corps et âme au service et à l'amour de la France, sa patrie d'adoption.

Abdelal-Agha se retira à Marseille avec sa femme *Haoua*, jeune Circassienne, qu'il avait épousée en Égypte. Elle appartenait à une famille riche et était un des types les plus purs et les plus beaux de cette grande race caucasique; d'une stature moyenne, sa taille était svelte et bien proportionnée, ses pieds et ses mains d'une petitesse remarquable; elle avait les cheveux foncés, le teint clair, les yeux pleins de feu, les traits réguliers et bien caractérisés; sa démarche était aussi fière qu'élégante et ses manières pleines de dignité. Elle joignait à ces qualités physiques une grande douceur de caractère et un dévouement sans bornes à tous ceux qu'elle aimait.

Dans sa retraite, Abdelal-Agha vécut heureux et à l'abri du besoin, grâce aux faveurs de l'empereur, qui n'oublia jamais les services que lui avait rendus l'ancien gouverneur du Caire. Abdelal-Agha eut seize enfants : huit garçons et huit filles. Louis-Alexandre-Désiré vint au monde le treizième, le 16 juillet 1815 [1].

Dans sa jeunesse, Louis Abdelal, d'une nature ardente et d'un esprit léger, était peu appliqué dans ses études; mais sa prodigieuse mémoire et son intelligence prompte suppléaient en partie à son manque de travail. Il était passionné pour tous les exercices du

1. Extrait des registres de l'état-civil de la ville de Marseille : « L'an mil-huit cent quinze et le dix-neuf juillet à neuf heures du matin : acte de naissance de Louis-Alexandre-Désiré Abdelal, né le seize du courant à quatre heures du soir, fils du sieur Abdelal, réfugié égyptien, considéré comme général de brigade et de dame Haoua, mariés, demeurant rue Saint-Jacques, n° 7.

corps et préférait aller à la salle d'escrime ou au manège qu'étudier les leçons qui lui avaient été données. « Je me fis remarquer, dit-il, par mon goût pour les armes et pour les chevaux ; à l'âge de douze ans, j'étais un fin cavalier et je n'avais pas de plaisir plus grand que de jouer avec les pistolets, les tromblons et les cimeterres qui ornaient toutes les pièces de notre maison [1] ».

En 1828, un grand malheur vint frapper sa famille : son père, Abdelal-Agha mourut [2] laissant une veuve et dix enfants [3].

De nombreux journaux publièrent des notices nécrologiques. Le *Journal de la Méditerranée et du département des Bouches-*

1. Notes inédites du général Abdelal.

2. Extrait des archives de l'état-civil de Marseille : « L'an mil-huit cent vingt-huit et le seize juin à midi et demi, acte de décès d'Abdelal-Aga, décédé à Marseille ce matin à une heure, réfugié égyptien, considéré comme général de brigade, âgé de soixante-cinq ans, né au Grand-Caire, en Égypte ; domicilié à Marseille, rue du Paradis, n° 139, époux de Haoua, fils de défunts *Ahmed* et *Amnée*, etc. »

3. Abdelal-Agha avait perdu six enfants en bas âge.

du-Rhône, entre autres, fit paraître, à cette époque, l'article suivant :

« Le dépôt des réfugiés égyptiens établi à Marseille, vient de perdre un de ses chefs les plus distingués, M. Michel Abdelal-Agha, décédé le 16 de ce mois, à la suite d'une maladie douloureuse.

» Pendant notre expédition en Égypte, M. Abdelal avait fait le sacrifice de ses affections et de sa fortune pour embrasser la cause des Français, et avait été chargé, comme ancien agha des janissaires, de rétablir le bon ordre et la tranquillité dans la ville du Caire; il sut, par son zèle et son activité, dans ces fonctions difficiles, se concilier l'estime de tous les généraux français et celle de ses compatriotes.

» Venu en France avec l'armée, le gouvernement, pour le récompenser de ses services, lui accorda le traitement de général de brigade. M. Abdelal se montra digne de cette faveur par le dévouement qu'il manifesta au gouvernement légitime dès les premiers moments de la Restauration, et ces sentiments il les a conservés jusqu'aux derniers instants de sa vie. Monseigneur l'archevêque de Myre, pendant son séjour à Marseille, l'initia aux mystères de notre sainte religion, et lui conféra le sacrement du baptême dans la cathédrale de Saint-Martin ; il eut pour parrain M. le baron de Damas, et pour marraine madame la comtesse Boni de Castellane.

» Avant sa mort, il fut administré et reçut tous les secours de la religion. Bon époux, bon père, idolâtre de sa patrie adoptive, M. Abdelal vécut en homme de bien, et emporte dans la tombe le regret de tous nos compatriotes qui l'ont connu. Il laisse une veuve et dix enfants dans la position la plus malheureuse ; sa nombreuse famille n'existait que par le traitement de son chef. »

Avec le général disparut donc la plus grande partie de la pension de retraite déjà bien diminuée à la chute de l'Empire. Madame

Abdelal, femme de beaucoup de mérite, ne se laissa pas abattre par le coup terrible qui la frappait; elle fit preuve de résignation et de courage dans l'adversité, changea immédiatement son train de maison, pour mener une existence des plus modestes et s'adonner tout entière à l'éducation de ses enfants.

La révolution de Juillet ne changea pas la situation de la famille Abdelal. Mais, à ce moment, commençait l'expédition d'Alger à laquelle prirent part un grand nombre d'anciens mamelucks qu'on avait été heureux de trouver, pour servir d'interprètes auprès des Arabes dont la langue était alors à peu près inconnue en France.

En 1831, l'ex-commandant Savary devenu lieutenant général et duc de Rovigo, fut nommé général en chef de l'armée d'Afrique [1],

1. Les Arabes désignaient sous le nom de *Mogrheb* la partie de l'Afrique septentrionale limitée au nord par la mer Méditerranée, à l'est par le désert de Barca, à l'ouest, par l'océan Atlantique, au sud par le Sahara.

en remplacement du général baron Berthézène. En passant à Marseille, il se souvint de son ancien ami Abdelal-Agha et s'enquit du sort de sa famille. A la première visite qu'il fit à la veuve de l'ancien gouverneur du Caire, il admira la manière dont elle avait élevé ses enfants et fut surtout frappé de la bonne tenue, de l'air martial et de la tournure militaire de Louis Abdelal. Comme ce jeune homme parlait passablement l'arabe, le général Savary eut l'idée de l'attacher à sa personne et de l'emmener en Afrique, en qualité de secrétaire interprète.

« Ce n'était pas ce que j'avais rêvé, écrivait plus tard le général Abdelal. J'étais plus amoureux de l'épée que de la plume; mais l'occasion offerte à mon esprit naturellement aventureux était trop belle pour que je la laissasse passer. J'acceptai avec l'enthousiasme de mes seize ans [1]. »

Les interprètes ne formaient pas alors,

1. Notes inédites du général Abdelal.

comme aujourd'hui, un corps constitué, assimilé au corps des officiers. Ils étaient en quelque sorte des secrétaires particuliers des généraux, recrutés sans examen et révocables à volonté.

Ils avaient été pris, en 1830, presque exclusivement parmi les anciens officiers, sous-officiers et simples cavaliers de mamelucks de la garde impériale ou des chasseurs d'Orient que le gouvernement avait trouvés encore disposés à le servir.

Parmi eux se faisaient remarquer le colonel *Jacob Habdibi*, le dernier commandant des mamelucks ; le chef d'escadrons *Chabin*, connu par le fait d'armes où il dégagea le général Rapp sur le point de tomber au pouvoir de l'ennemi ; le commandant *Abdalla d'Hasboun*, les mamelucks *Rozetti* [1], *Duboussy*, *Angely*, *Broskewitz* [2], etc.

1. Ce *Rozetti* était le fils de l'ancien consul de Venise à Alexandrie, quand l'armée de Bonaparte débarqua en Égypte.

2. *Broskewitz* avait été autrefois interprète de l'armée d'Égypte et avait traité avec Mourad-Bey.

Après la prise d'Alger, une partie de ces vieux serviteurs se retira à Marseille; les autres s'établirent en Afrique. Ceux qui restèrent au service disparurent rapidement, car ils étaient tous fort âgés.

Ils furent remplacés au fur et à mesure, d'abord par quelques israélites d'Alger qui avaient appris le français, puis par des Français qui s'étaient adonnés à l'étude de la langue arabe. Parmi ces derniers beaucoup se sont fait remarquer par leur instruction et leurs qualités. C'est grâce à eux que le corps des interprètes se constitua et devint ce qu'il est aujourd'hui.

Nommé secrétaire interprète du général en chef de l'armée d'Algérie, Louis Abdelal était tout fier d'aller rejoindre, sur le sol africain, les anciens camarades de son père.

Ce ne fut pas toutefois sans éprouver un grand serrement de cœur que madame Abdelal vit partir son enfant. Mais, connaissant l'intérêt que le général Savary portait à sa famille, elle eut le courage de maîtriser sa douleur et de se séparer de son fils, qui venait d'obtenir, malgré son jeune âge, un poste de confiance et de faveur.

Situation de nos troupes en Algérie en 1831 : Abdelal débarque à Alger; ses premières impressions; il prend part aux différentes expéditions qui ont lieu dans la Mitidja. Après le retour du général Savary en France, il est attaché à l'état-major du général Trézel; lettre de félicitations du lieutenant-colonel Duchaussay ; dans l'expédition contre les Hadjoutes, il sauve, au péril de sa vie, le fils du général Bro; il est attaché à ce général; il est blessé d'un coup de feu au combat de Mouzaïa.

Quand le duc de Rovigo fut envoyé en Algérie, notre nouvelle colonie avait déjà eu plusieurs gouverneurs.

Le général Clauzel[1] avait succédé au maré-

1. *Clauzel* (Bertrand), né à Mirepoix en 1772, s'engagea

chal de Bourmont. Son premier soin avait été de dégager les alentours d'Alger qui étaient comme cernés par des bandes ennemies. Après avoir châtié et dispersé les Beni-Salah, il avait pénétré dans Blidah, traversé le petit Atlas et s'était emparé de Médéah, chef-lieu du beylick[1] de Titeri, d'où il avait chassé le bey, Mustapha-bou-Mezrag pour y installer à sa place, Mustapha-ben-Omar, qui reconnaissait notre domination.

Le général Clauzel, doué peut-être de plus de capacité militaire que de discernement et

en 1791 dans un bataillon de volontaires qui l'élut capitaine, fut nommé chef de bataillon en 1792, colonel en 1795 et passa en 1798 à l'armée d'Italie, où il reçut le grade de général de brigade. En 1801, il fit partie de l'expédition de Saint-Domingue et revint en France avec le grade de général de division. Il fut proscrit en 1815, et condamné à mort en 1816. Rentré en France après l'amnistie de 1820, il fut élu député en 1827 et 1830. Nommé gouverneur de l'Algérie après la révolution de Juillet, il fut rappelé en 1831, promu maréchal de France et pair. Nommé de nouveau gouverneur de l'Algérie, en 1835, il rentra en France après la malheureuse expédition de Constantine et mourut désespéré en 1842.

1. *Beyllck*, gouvernement.

de prévoyance politique, termina cette campagne par la conclusion d'un traité avec le bey de Tunis, traité qui eût donné à celui-ci les deux provinces de Constantine et d'Oran sous la suzeraineté de la France, à la charge par lui de s'emparer de ces deux provinces et de nous payer un tribut annuel de deux millions.

Le gouvernement français n'ayant pas ratifié ce traité, le général Clauzel fut remplacé par le général Berthézène[1].

Cet officier ne savait pas que les musulmans ne s'inclinent que devant la force. Il eut l'idée de gagner par la douceur les peuplades dont

1. *Berthézène* (Pierre), né à Vendargues (Hérault) en 1775, s'engagea en 1793, dans l'armée des Pyrénées orientales, et parvint rapidement au grade de major; colonel en 1807, il fut nommé général et créé baron de l'Empire après la bataille de Wagram. Sa belle conduite à Lützen et à Bautzen lui valut le grade de général de division (1813). Lors de l'expédition d'Alger, il commandait la 1re division de l'armée et s'empara des batteries de Sidi-Ferruch et du camp de Staoueli. Nommé gouverneur en 1831, il fut remplacé au bout de six mois par le duc de Rovigo et élevé à la pairie. Il est mort en 1847, et a laissé des mémoires intéressants.

la haine nous menaçait. Ce système ne fit qu'enhardir l'ennemi. Les tribus du Sahel[1] recommencèrent les hostilités. Le bey que nous avions installé à Médéah fut menacé, et bientôt nous ne fûmes plus en sûreté que dans les murs d'Alger.

Il fallut reprendre, le 30 juin 1831, la route de Médéah. Cette ville s'était révoltée à l'in-

1. **En Algérie**, le mot arabe *Sahel* (rivage) s'applique généralement aux massifs de collines qui règnent le long de la mer et qui sont ordinairement bornées au sud par des plaines. Le *Dahra* (dos) est la chaîne de montagnes qui sépare le *Sahel* du *Tell*. Le *Tell* (terrains accidentés) est l'immense zone comprise entre le *Dahra* et le versant nord du grand Atlas, où se trouvent des vallées larges et fertiles. Les *Serressou* (sommets) sont des plateaux situés entre le grand Atlas et le *Sahara*, où les Arabes cultivent encore des céréales, mais qui sont en grande partie couverts de pâturages arrosés par des sources abondantes auprès desquelles les Romains avaient établi des colonies et construit des villes dont on voit encore de nombreux vestiges. Le *Sahara* comprend le *Petit* et le *Grand Désert;* dans le *Petit Désert*, pays plat et sans arbres, on rencontre pourtant des sources, des cours d'eau et une végétation particulière (*alfa* et *cheih*), qui fournit une nourriture très saine aux chameaux et aux moutons; dans le *Désert* proprement dit, la terre ne produit rien; il n'y a plus ni sources, ni cours d'eau.

stigation du fils de Bou-Mesrag. Mustapha-ben-Omar, abandonné de tous les siens, bloqué dans la ville d'abord, puis dans sa maison, était sur le point de tomber entre les mains des insurgés, lorsqu'il fut délivré par la colonne expéditionnaire. Le général Berthézène le ramena à Alger; mais Médéah cessa d'être sous notre domination.

Telle était la situation de notre nouvelle colonie, lorsque le général Savary, duc de Rovigo[1], fut nommé gouverneur.

Il arriva à Alger, avec son secrétaire-inter-

---

1. *Savary* (Anne-Marie-René, duc de Rovigo), né en 1774, débuta comme simple soldat dans le régiment de Royal-Normandie, fut nommé capitaine en 1793 et fit la campagne d'Égypte en qualité d'aide de camp du général Bonaparte. Nommé général de brigade en 1804 et général de division en 1805, il fut fait duc de Rovigo en 1806 et envoyé en 1807 à Saint-Pétersbourg, comme ambassadeur. En 1808, il eut par intérim le commandement en chef de l'armée d'Espagne. Sous la Restauration, il se tint à l'écart des affaires publiques et ne reprit du service qu'après la révolution de Juillet. Nommé gouverneur de l'Algérie en 1831, il mourut en 1833.

prête[1] Louis Abdelal, le 24 décembre 1831, après une heureuse traversée de quarante-huit heures, à bord de *l'Arthémise*.

Le jeune Abdelal fut profondément impressionné, lorsqu'il aperçut Alger, qui, de loin, ressemble à une vaste carrière de marbre blanc. L'aspect général d'*El Djezaïr*[2], ses maisons blanches percées de rares ouvertures; ses mosquées s'élevant sur des rochers à pic, contre lesquels la mer venait se briser : son

---

1. Voici la lettre de service que reçut, le lendemain de son débarquement à Alger, Louis Abdelal, alors âgé de seize ans :

« Le lieutenant général, commandant en chef l'armée d'Afrique,

» Prévient M. Abdelal (Louis) qu'il l'a nommé interprète de 3ᵉ classe pour être employé à ladite armée. M. Abdelal jouira en cette qualité, à compter de ce jour, d'un traitement de dix-huit cents francs par an et de trois rations de vivres par jour.

» Alger, le 25 décembre 1831.

» LE DUC DE ROVIGO. »

2. *El-Djezaïr* (les îles), nom donné par les Arabes à la ville d'Alger.

port turc, et, derrière ce premier plan, l'immense triangle de maisons en amphithéâtre dont la Kasbah formait l'angle supérieur, tout cela frappa son imagination. Puis, lorsqu'il entendit parler la langue qu'il avait apprise dans sa famille, les récits des hauts faits accomplis par son père revinrent en foule à sa mémoire et réveillèrent ses ardeurs guerrières.

Rien de saillant toutefois ne signala ses débuts en Afrique. Il suivit, en qualité d'interprète, soit avec le gouverneur, soit avec les autres généraux, toutes les expéditions qui eurent lieu dans les environs d'Alger; il assista, le 10 avril 1832, à la destruction de la tribu d'El-Oufia, près de la Maison-Carrée[1], et le 2 octobre, au combat de Bouffarick[2]; il fit

1. Les vrais noms de la *Maison-Carrée* de l'Harrach, qui n'a rien de commun avec celle de Nîmes, sont *Bordj-el-Kantra* (fort du pont), *Drâa-el-Harrach* (monticule de l'Harrach), *Bordj-el-Agha*, *Bordj-Yahhia* (fort de l'Agha, fort de Yahhia).

2. Bouffarick n'était alors qu'un marais inhabitable, au milieu duquel se trouvait une koubba dédiée à Sidi-Abd-el-

aussi partie de la reconnaissance de Koléah
par le général de Brossard[1] et de la reconnaissance de Blidah par le général de Faudoas
(22 novembre).

Kader-el-Djelanni. Tous les lundis, les Arabes se réunis-
saient comme aujourd'hui sur ce point central de la Mitidja,
pour échanger leurs bestiaux et leurs marchandises; mais
il se hâtaient de quitter ce lieu pestilentiel avant la nuit.
Une vieille légende avait fait de la plaine qui entoure
Bouffarick un ravissant séjour où la fée Mitidja attirait par
ses charmes le voyageur égaré. Là, dans un palais féerique,
entouré de fontaines, de bosquets et de fleurs, la perfide
enchanteresse, secondée par un essaim de nymphes et de
sirènes, torturait le malheureux en lui faisant subir le sup-
plice que le Prophète réserve dans son paradis aux plus
fervents de ses adeptes; puis elle renvoyait sa victime complètement anéantie. Cette légende était une figure; car les
premiers colons mouraient à Bouffarick comme des mouches,
et les plus épargnés restaient affectés de terribles fièvres
paludéennes. La création du village de Bouffarick ne remonte qu'au 27 septembre 1836, sous le gouvernement du
maréchal Clauzel.

1. *Brossard* (Amédée-Hippolyte, marquis de), général, né
en 1784, fit une grande partie des campagnes de l'empire,
fut attaché en 1830 au corps expéditionnaire d'Alger et
joua un rôle assez brillant dans les guerres d'Afrique. En
1839, il passa devant un conseil de guerre, accusé de con-
cussion et d'excitation au mépris du gouvernement. Il fut
acquitté, mais mis à la retraite.

2. Le marquis de *Faudoas* prit part aux différentes cam-

Pendant les loisirs que lui laissaient les expéditions dans les environs d'Alger, Abdelal
cherchait à se perfectionner dans l'étude de la
langue arabe; il en apprenait les idiomes et,
après un an de séjour en Afrique, il en connaissait toutes les finesses et toutes les subti-
lités. D'un esprit naturellement observateur,
il avait deviné la duplicité des musulmans.
Aussi s'attacha-t-il à connaître leurs mœurs,
à s'assimiler leurs habitudes de manière à pouvoir déjouer tous les artifices de leurs actes et
de leur langage. Il rendit ainsi de grands services pendant la durée de sa carrière.

Le duc de Rovigo, éclairé par les résultats
du système du général Berthézène, avait
adopté le système contraire; il ne voulait pas
traiter avec les chefs Arabes; il exigeait leur
soumission sans conditions. Ses mesures éner-

pagnes de l'Empire, fut nommé colonel en 1813, maréchal
de camp en 1829 et lieutenant général en 1838. Il mourut
en 1844. Il était commandeur de la Légion d'honneur et
chevalier de Saint-Louis.

giques ramenèrent le calme dans le Sahel, les tribus insoumises demandèrent l'aman. Mais, au mois de mars 1833, le duc de Rovigo, las de lutter contre une maladie de larynx qui le minait depuis longtemps, dut rentrer en France et abandonner un poste qu'il occupait glorieusement depuis quinze mois[1]. Avant de partir, il recommanda chaudement Abdelal à son chef d'état-major, le général Trézel[2]. Celui-ci, qui connaissait déjà le jeune interprète et qui avait pu l'apprécier en maintes circonstances,

1. Après le départ du duc de Rovigo, l'armée d'Afrique fut commandée par intérim, d'abord par le général Avizard, ensuite par le général Voirol, auquel succéda le général Drouet d'Erlon avec le titre de gouverneur.

2. *Trézel* (Camille-Alphonse), né à Paris en 1780, fut d'abord employé de commerce, puis entra, en 1801, au ministère de la guerre comme dessinateur ; il fit partie du bureau télégraphique de l'armée du Hanovre (1804) et obtint en 1805 le grade de sous-lieutenant. Capitaine en 1807, il fut nommé colonel en 1814 et général de brigade après la bataille de Ligny. Sous la Restauration il fut remis colonel, attaché au dépôt de la guerre, et nommé maréchal de camp en 1829. Le gouvernement de Juillet le nomma général de division en 1837, pair de France en 1846 et ministre de la guerre en 1847. Il mourut en 1860.

le prit sous sa protection et le conserva à Alger à l'état-major général.

Dans le courant du mois d'août 1833, il y eut une nouvelle expédition contre les Hadjoutes[1]. Abdelal obtint l'autorisation d'en faire partie et s'y distingua par sa bravoure et son sang-froid. En rentrant à Alger, le lieutenant-colonel du 67e, M. Duchaussoy[2], lui donna le certificat suivant :

« Je soussigné, lieutenant-colonel du 67e, certifie que M. Abdelal, interprète désigné par M. le général Trobriand[3] pour m'accom-

---

1. L'expédition contre les Hadjoutes est la première dans laquelle des tribus arabes ont combattu comme auxiliaires sous le drapeau français.

2. *Duchaussoy* (Armand-Guillaume-Félix, baron), né en 1796, s'engagea en 1813, fut nommé sous-lieutenant le 2 février 1814, lieutenant le 26 février 1817, capitaine le 26 février 1821, chef de bataillon le 15 novembre 1826, lieutenant-colonel du 67e le 3 juin 1831, colonel du même régiment le 16 juin 1834, général de brigade le 3 novembre 1846, et général de division le 29 août 1854. Admis dans le cadre de réserve le 21 janvier 1 81, il a été retraité le 10 août 1878. Il était grand officier de la Légion d'honneur.

3. *Trobriand* (Jacques-Pierre-Romain-Denis-Kerdern de),

pagner dans l'expédition contre les Hadjoutes, où je commandais l'avant-garde, s'est conduit avec honneur et distinction, qu'il s'est toujours trouvé avec la première ligne de tirailleurs et que sa casquette a été percée d'une balle dans le combat.

» Je me plais à rendre ce témoignage honorable de ce jeune homme. »

Au commencement de 1834, les zouaves furent réorganisés et Abdelal fut attaché à ce corps en qualité d'interprète. Les zouaves, dont le nom devait glorieusement retentir dans les campagnes d'Afrique et sur tous nos champs de bataille, avaient été créés, en 1831, par le maréchal Clauzel. Ils tirent leur nom d'une tribu du Djurjura, la vaillante tribu des *Zouaouas*, qui, depuis longtemps, fournissait aux Turcs

né en 1780, après avoir servi dans la marine, entra dans un régiment de hussards et fut nommé capitaine après la bataille d'Eylau, et colonel en 1814. Tombé en disgrâce sous la Restauration, il reprit le service en 1830, fut nommé général de brigade et obtint un commandement en Algérie. Il mourut en 1867, grand officier de la Légion d'honneur.

des volontaires indigènes. Les *Zouaouas* étaient pour ainsi dire, les Suisses de la Régence barbaresque. Mais les Kabyles répugnaient à servir sous des chefs chrétiens ; ils ne répondirent qu'en petit nombre à l'appel du général Clauzel. Aussi les deux premiers bataillons de zouaves se recrutèrent-ils parmi des aventuriers étrangers et parmi les combattants de Juillet appelés les *volontaires de la Charte,* dont Louis-Philippe avait tenu à se débarrasser le plus promptement possible après la victoire.

Voici, du reste, l'appréciation de Louis Abdelal sur son nouveau corps : « Les zouaves, composés en grande partie d'indigènes et de quelques Français, étaient, dans le principe, des sortes d'irréguliers réunis en deux bataillons sous les ordres des commandants Kolb [1],

1. *Kolb* (Étienne) prit part aux campagnes de l'Empire. Capitaine en 1813, il fut nommé, le 27 septembre 1830, chef de bataillon au 15ᵉ de ligne et prit en 1833 le commandement d'un bataillon de zouaves. Passé la même année avec

et Duvivier [1]. Lamoricière [2] était un des capitaines ; c'était déjà cette nature franche et loyale, énergique et ardente qui devait tant s'illustrer plus tard. C'est comme capitaine de zouaves qu'il fut placé à la tête d'une sorte de bureau politique qui fut le berceau des bureaux arabes. C'est là que j'eus l'honneur de faire sa connaissance et de gagner son estime et son affection.

le même grade au 78° de ligne, il fut mis en retraite en 1844. Il était officier de la Légion d'honneur.

1. *Duvivier* (Franciade-Fleurus) né à Rouen en 1794, élève de l'École polytechnique en 1812, se distingua, parmi ses camarades, à la défense de Paris en 1814. Lieutenant d'artillerie la même année, il fut nommé capitaine du génie en 1822 et commandant de zouaves en 1831 ; il organisa, en 1835, à Bône, le 1er régiment de spahis, remplit les fonctions d'agha des Arabes, à Alger, en 1836 ; prit une part glorieuse aux deux sièges de Constantine et fut nommé maréchal de camp en 1839. Député à l'Assemblée nationale de 1848, général de division la même année, organisateur et commandant en chef des gardes mobiles, il fut blessé mortellement le 27 juin en défendant l'hôtel de ville contre l'insurrection. Écrivain distingué, il a laissé plusieurs ouvrages fort appréciés.

2. Les Arabes appelaient Lamoricière *Bou-Haraouha* (le

« Après la prise de Bougie, où les zouaves et particulièrement le capitaine de Lamoricière se distinguèrent, je ne fus pas étonné de voir la réorganisation des zouaves confiée à ce vaillant officier, promu chef de bataillon. Les zouaves formèrent alors un bataillon de dix compagnies, qui s'appelait *corps des zouaves;* la 1re et la 10e étaient exclusivement françaises, les huit autres exclusivement indigènes, mais avec des cadres moitié français, moitié indigènes.

» Français et indigènes étaient tous loin d'être des modèles de vertu; mais tous rivalisaient d'audace et étaient toujours prêts à affronter les plus grands périls et à braver les plus rudes fatigues. Les cadres étaient particulièrement solides, la discipline ferme et intelligente, le chef hors ligne. En résumé, les zouaves formaient une troupe d'élite sur la-

père la Trique) parce que, à pied ou à cheval, il avait toujours sa canne à la main ou suspendue à son poignet.

quelle le général en chef comptait à bon droit[1]. »

Tel était le milieu dans lequel allait être placé le jeune Abdelal. Il trouva là sans doute des aventuriers ; mais il y rencontra aussi des hommes de cœur et d'une bravoure indomptable.

Nulle expédition n'avait lieu dans la Mitidja sans que les zouaves y prissent part, et avec eux Abdelal était à bonne école pour apprendre à braver le danger. Il assista aux nombreux coups de main opérés par les zouaves ; mais, à chaque rencontre, il regrettait que ses fonctions spéciales le réduisissent à un rôle passif qui n'allait guère à son humeur batailleuse. Un jour cependant, il eut l'occasion tant de fois désirée de mettre le sabre à la main et de prendre part à la lutte.

C'était en 1835. Une forte colonne fut formée sous les ordres du général Rapatel[2], avec

1. Notes inédites du général Abdelal.
2. *Rapatel* (Paul-Marie, baron) fit toutes les campagnes

mission de débarrasser les environs d'Alger
de tous les rôdeurs ennemis et de refouler à
l'intérieur les Hadjoutes, nos adversaires les
plus redoutables. Recrutés parmi les musulmans les plus fanatiques et les voleurs de grand
chemin les plus hardis, les Hadjoutes avaient
formé de nombreuses bandes qui pillaient les
fermes isolées jusqu'aux portes d'Alger; ils
avaient même soulevé les montagnards du
Chénoux, des Beni-Mnad, des Beni-Menasser;
et, leur nombre augmentant chaque jour, ils
devenaient un danger de plus en plus mena-
çant.

« Le général Rapatel, dit Abdelal, se mit
à la tête d'une colonne composée de cinq bataillons d'infanterie, de deux batteries mon-

de l'Empire et parvint au grade de colonel en 1814. Promu
général de brigade en 1823, il fit partie en cette qualité de
l'expédition d'Alger, fut nommé lieutenant général en
1833, et gouverneur intérimaire de l'Algérie en 1836. Retraité en 1848, il fut élu représentant du peuple, et mourut
en 1851. Il était grand officier de la Légion d'honneur et
chevalier de Saint-Louis.

tées, du 1ᵉʳ régiment de chasseurs d'Afrique en entier, de l'escadron des spahis d'Alger et des troupes d'administration et du train des équipages nécessaires à l'ambulance et au service des subsistances. On ne connaissait pas encore en Afrique l'usage des mulets de bât, ni l'emploi des canons de montagne...

» La colonne s'avança sans difficulté, en refoulant devant elle l'ennemi, qui ne présentait qu'une faible résistance. Elle arriva ainsi jusqu'à Mouzaïa, après avoir passé par Sidi-Aïd, Bouffarick et la Chiffa.

» Sa mission remplie, le général Rapatel songea à rentrer à Alger et prit ses dispositions pour opérer la retraite.

» Suivant toujours la même tactique, les Hadjoutes, qui avaient fui jusque-là sans tenter une résistance sérieuse, n'attendaient que le moment de la retraite pour se jeter sur la colonne, harceler son arrière-garde et rendre aussi pénible que possible son mouvement rétrograde.

» Pour résister à leur attaque, le général Rapatel avait pris le dispositif suivant qui, du reste, fut presque toujours employé dans les colonnes en Algérie, aussi bien par le commandant Changarnier, en 1836, que par le maréchal Bugeaud, en 1843.

» Au centre, le gros de la colonne avec l'ambulance et tout le convoi.

» Tout autour une sorte de fer à cheval formé par des tirailleurs soutenus par la cavalerie. Cette dernière avait pour mission toutes les fois que les cavaliers ennemis devenaient trop audacieux de les refouler à la charge, après avoir traversé la ligne des tirailleurs.

» Le 7 octobre, dit Abdelal, les insurgés semblaient disposés plus que jamais à ne pas nous laisser de répit. Le fer à cheval était formé par cinq compagnies de zouaves et une compagnie du génie, soutenues par deux escadrons de chasseurs d'Afrique. Le commandant de Lamoricière était sur la ligne des tirailleurs; j'étais à ses côtés, prêt à porter ses ordres. Bientôt, à des cavaliers isolés harcelant notre ligne, succédèrent de petits groupes de plus en plus compactes. Ce moment sembla propice pour lancer à la charge les pelotons de chasseurs d'Afrique. Ces braves cavaliers partirent avec leur entrain accoutumé et refoulèrent les Hadjoutes, qui ne purent résister à l'impétuosité de leur choc.

» Un des pelotons commandé par le sous-lieutenant Bro, fils du maréchal de camp de ce nom [1], poursuivit les fuyards à outrance et se laissa entraîner dans les broussailles qui le dérobèrent à notre vue.

» A peine avait-il disparu qu'une vive fusillade éclata et nous apprit qu'il courait les plus grands dangers. Il n'y avait plus que quatre

---

1. *Bro* (Louis) prit part aux dernières campagnes de l'Empire et arriva rapidement au grade de colonel, le 8 avril 1814. Sous la Restauration il fut mis à l'écart; mais, en 1830, il reprit du service et fut nommé colonel du 1er lanciers. Il obtint le grade de maréchal de camp, le 11 octobre 1832, et fut enfin promu lieutenant général, le 28 juillet 1843. Il mourut en 1844, après avoir reçu la croix de grand officier de la Légion d'honneur.

hommes sur la ligne des tirailleurs : le commandant Lamoricière, le capitaine du génie Grand, qui fut tué l'année suivante au siège de Constantine, le lieutenant d'infanterie Bonrad, officier d'ordonnance du général Rapatel, arrivé à l'instant pour porter un ordre à l'arrière-garde, et enfin moi.

» Mus par le même sentiment, nous partîmes tous les quatre à fond de train dans la direction de la fusillade. N'ayant pas de pistolet, je saisis au départ une carabine de tambour. En moins d'une minute, nous arrivâmes à une clairière où nous aperçûmes le jeune Bro, couvert de sang, un genou en terre derrière le cadavre de son cheval, se débattant contre une vingtaine de cavaliers et de fantassins qui se préparaient à lui couper le cou. Nous tombâmes sur le groupe comme une avalanche ; les cavaliers surpris résistèrent à peine et prirent la fuite ; les hommes à pied furent tous tués ou blessés. Pour ma part, j'en tuai un à bout portant d'un coup de carabine.

Puis, nous revînmes dans nos lignes, en emportant tous nos blessés [1]. »

Ce premier acte de bravoure décida de la destinée du jeune Abdelal. Ses instincts guerriers se réveillaient chaque jour davantage : il souffrait de rester inactif et simple spectateur de la lutte, lorsqu'il voyait ses camarades partir à la charge et payer de leur personne dans le combat; l'odeur de la poudre l'enivrait; le cliquetis des armes, le sifflement des balles, le brouhaha de la mêlée l'électrisaient; le danger avait pour lui un attrait irrésistible. Depuis longtemps, il désirait s'engager dans un régiment de cavalerie. Mais, à partir de ce dernier combat, il ne chercha plus qu'une occasion favorable pour abandonner ses fonctions de secrétaire-interprète et entrer dans l'armée d'Afrique. Il manifesta, à plusieurs reprises, ses intentions; mais la bienveillance dont il avait été l'objet de la part de

1. Notes inédites du général Abdelal.

ses chefs et les sollicitations peut-être inté-
ressées de ses généraux ne lui permirent de
mettre ses projets à exécution que deux ans
plus tard.

Il n'était pas alors facile de trouver un interprète jeune, alerte, vigoureux, intelligent
et sur lequel on pût compter.

A la rentrée de la colonne Rapatel, le général Bro, plein de reconnaissance pour les sau-
veurs de son fils, donna des marques particu-
lières d'estime et d'affection au jeune Abdelal; il eut de fréquents entretiens avec lui et,
voyant de suite l'avantage qu'il pourrait tirer
d'un pareil auxiliaire, il le fit attacher à son
état-major, en qualité d'interprète.

Le général Bro commandait alors la première brigade d'Alger. Ancien colonel de
hussards, il était le type de l'officier de cette
arme; beau cavalier, hardi sabreur, il avait
séduit Abdelal. Son état-major se composait
du capitaine d'état-major de Mac-Mahon, aide
de camp, devenu maréchal de France et pré-

sident de la République; du lieutenant Péri-
got, officier d'ordonnance, devenu général de
division; enfin de l'interprète Louis Abdelal,
devenu général de brigade de cavalerie.

Abdelal fit partie de toutes les colonnes qui
eurent lieu aux environs d'Alger, dans le courant de l'année 1836 et au commencement de
1837. Dans l'expédition dirigée contre le col
de Mouzaïa, le général Bro commandait l'avant-
garde; il enleva, à la tête des zouaves, avec
une énergie et un entrain dignes d'éloges, le
défilé vigoureusement défendu par les Arabes.
Abdelal était toujours auprès de son général
et lui servait parfois d'officier d'ordonnance;
il fût blessé dans cette affaire, en allant porter
un ordre au capitaine qui commandait la
ligne des tirailleurs. Cette blessure loin de
refroidir son ardeur guerrière ne fit au contraire que hâter la détermination qu'il avait
prise de se faire soldat.

Ayant eu quelques accès de fièvre dans le
courant du mois de juin 1836, Abdelal de-

manda un congé de trois mois ; mais on ne lui accorda qu'une permission de trente jours pour aller voir sa famille. Il n'avait pas cependant quitté l'Algérie depuis le mois de décembre 1831. Pendant son séjour à Marseille, il fit une demande de naturalisation [1], dans le but de pouvoir entrer plus tard dans les rangs de l'armée française.

1. « Ce jourd'hui trente du mois de juillet de l'année mil huit cent trente-six ;

» Par devant nous, maire de la ville de Marseille, officier de la Légion d'honneur, s'est présenté M. Abdelal (Louis-Alexandre-Désiré), interprète de la première brigade de l'armée d'Afrique, demeurant rue Paradis n° 139, lequel nous a exposé, ainsi que cela résulte de son acte de naissance qu'il nous a exhibé, qu'il est né à Marseille le 16 juillet mil huit cent quinze, du mariage de Abdelal et de Haoua ; que, désirant réclamer la qualité de Français, conformément à la faculté que l'article neuf du code civil confère à tout individu né en France d'un étranger, se trouvant dans l'année de sa majorité, il déclare de la manière la plus formelle que son intention est de fixer son domicile en France et spécialement à Marseille, à l'effet d'y jouir de tous les droits civils et politiques inhérents à la qualité de Français. De quelle déclaration il nous a requis acte a lui concédé et a signé avec nous, etc. »

III

Abdelal s'engage dans les escadrons de spahis du commandant Yusuf. — Portrait de cet officier. — Abdelal est nommé brigadier. — Expédition contre Constantine racontée par Abdelal; il est nommé maréchal des logis le lendemain de l'assaut; il est attaché au **général Trézel**, puis au **général Négrier**. — Reconnaissance sur Skikda (Philippeville); brillante conduite d'Abdelal en retournant à Constantine; il est proposé pour chevalier de la Légion d'honneur. — Le général Négrier est rappelé en France.

En 1837, le corps des interprètes fut réorganisé. Le jeune Abdelal dut quitter le général Bro et se rendre à Bône, où il était envoyé pour occuper un poste de confiance. Ce déplacement inattendu lui causa un profond chagrin. Les personnes au milieu desquelles il vivait lui témoignaient un intérêt si grand, qu'il considérait presque comme une disgrâce cet avancement mérité. Il partit donc le cœur bien gros; mais, livré à lui-même, libre d'agir suivant ses goûts et n'écoutant plus que ses aspirations secrètes, il se décida à mettre à exécution le projet qu'il caressait depuis si longtemps : celui de quitter le corps des interprètes pour suivre la véritable carrière des armes.

Arrivé à Bône, il donna sa démission, le 3 juin 1837, et s'engagea, le même jour, comme simple cavalier dans les escadrons de spahis du commandant Yusuf.

« Les spahis d'alors, dit le général Abdelal, notamment ceux de Bône, qui comprenaient quatre escadrons dont un formé en grande partie d'anciens *Joldaches* (soldats turcs), étaient une troupe d'élite, recrutée à peu près exclusivement parmi les jeunes gens de l'aris-

tocratie indigène. Ils étaient tous des Kare-
zaz, des Turcs ou Kurouglis.

» Le commandant Yusuf[1] était à leur tête. Cet

1. *Yusuf*, né à l'île d'Elbe en 1805, se rendait à Florence
pour y faire ses études, lorsque le vaisseau qui le portait fut
capturé par des corsaires tunisiens. Le bey de Tunis, qui
l'acheta, fut charmé de son intelligence, le fit élever dans
son harem, lui donna des maîtres de turc, d'arabe et d'es-
pagnol, puis le plaça dans ses gardes du corps. A la suite
d'une intrigue amoureuse avec la fille du bey, le jeune
homme dut chercher son salut dans la fuite et gagner
Alger. Là, il prit du service dans notre armée sous le
nom de Youssouf-Mamelouk (2 décembre 1830), se fit remarquer par sa vive intelligence, par son courage, se rendit utile par sa connaissance de la langue arabe et des
mœurs des indigènes, fut nommé capitaine de spahis en
1831, fut chargé de plusieurs missions et se rendit maître de
Bône par un coup de main; devint chef d'escadrons en
1833, officier de la Légion d'honneur en 1835 et battit
l'année suivante Abd-el-Kader, lors de l'expédition contre
Tlemcen. Il reçut alors, en récompense de sa brillante conduite, le titre de bey de Constantine, sans entrer toutefois
en possession de cette dignité. Nommé ensuite commandant
de spahis à Oran, colonel de cavalerie indigène (1844),
commandant toute la cavalerie irrégulière, il obtint en 1845
le grade de maréchal de camp hors cadres. Cette même
année, il se rendit à Paris, où il était déjà venu en 1837,
se convertit au catholicisme, épousa la nièce du général
Guilleminot et excita vivement la curiosité publique par sa
mâle beauté, par sa grâce et son habileté comme cavalier,

homme, qui avait une existence des plus aventureuses et des plus accidentées, avait été nommé chef d'escadrons après la prise de la Casbah de Bône, qu'il avait enlevée avec une poignée d'hommes (trente marins)[1]. Ce fait

par sa vie romanesque et par la brillante carrière militaire qu'il avait déjà parcourue. De retour en Afrique, il continua à se signaler dans la guerre contre Abd-el-Kader, qu'il faillit faire prisonnier et battit à Tende. En 1851, il fut inscrit comme général de brigade sur les cadres de l'armée régulière, fit, l'année suivante, l'expédition de Laghouat et fut nommé grand officier de la Légion d'honneur (1852). Il prit part à la première partie de l'expédition de Crimée et fut nommé général en chef des janissaires. De retour en Afrique, il fut investi du commandement de la division d'Alger en 1855, reçut en 1856 le grade de général de division, prit en 1857 une part brillante à l'expédition de Kabylie, repoussa en 1860 les bandes marocaines qui avaient envahi le territoire algérien, battit en 1864 les tribus qui s'étaient soulevées et reçut leur soumission à Laghouat. A la suite d'un dissentiment avec le gouverneur général de l'Algérie, au sujet, dit-on, du régime à appliquer à notre colonie, le général Yusuf fut rappelé en France, où on lui donna le commandement d'une division territoriale (Montpellier), et mourut en 1866. On lui doit un ouvrage aussi intéressant qu'instructif et intitulé : *La guerre d'Afrique.*

1. Après la prise de la Casbah, les zouaves obéirent, pendant les premiers jours, aux deux jeunes capitaines, pen-

d'armes l'avait mis en évidence. Le gouverneur, qui était loin de s'attendre à un succès
aussi prompt et aussi brillant, désireux de lui
témoigner sa satisfaction, n'avait pas hésité à

sant qu'ils seraient bientôt soutenus par une force impo-
sante; mais, voyant leur espérance trompée, ils se mutinè-
rent et résolurent de les tuer. Yusuf déconcerta leur complot. Instruit de ce qui se tramait, il fait rassembler les
principaux meneurs et leur annonce qu'il va faire, à leur
tête, une sortie contre les troupes de Ben-Aïssa :

— Mais, c'est à la mort que tu cours, malheureux ! lui dit
son frère d'armes, le capitaine d'Armandy.

— C'est possible, mais qu'importe si je te sauve et si je
sauve la Casbah !

A ces mots, il ordonne de baisser le pont-levis et sort
avec ses Turcs, la tête haute et le visage serein. Lorsqu'il
a franchi les glacis, il se retourne vers ses soldats, et, les
regardant d'un œil sévère :

— Je sais, dit-il, que vous avez résolu de me tuer; je
connais aussi vos projets sur la Casbah ! Eh bien, voici le
moment propice de mettre votre projet à exécution, frappez,
je vous attends.

Son sang-froid impose aux conjurés; tous restent stupé-
faits. L'intrépide Yusuf profite de leur trouble et reprend :

— Eh ! quoi, Jacoub, toi le grand meneur, tu restes im-
passible, tu ne donnes pas à tes camarades le signal de
l'attaque? Puisqu'il en est ainsi, c'est moi qui vais com-
mencer !

Et, d'un coup de pistolet, il lui fracasse la tête.

L'un des conjurés porte la main à la poignée de son sabre;

lui confier, dans la province de Constantine,
le commandement des spahis organisés par le
lieutenant-colonel Duvivier [1]. »

Yusuf commandait, presque sans contrôle,
les quatre escadrons de Bône.

« C'était alors, dit le général Abdelal, un
homme dans toute la force de l'âge, d'une
taille ordinaire mais admirablement prise,
d'une physionomie intelligente et remarqua-
blement belle, d'une adresse extraordinaire à
tous les exercices du corps, à pied et à cheval,
brave jusqu'à la témérité, généreux jusqu'à la
prodigalité, qui réunissait toutes les qualités

mais Yusuf, le devançant, lui plonge son yatagan dans le
cœur.

— Maintenant, à l'ennemi ! s'écria-t-il.

Tous ces hommes, qui naguère se disposaient à l'assassi-
ner, le suivent sans murmurer et font à ses côtés des prodiges de valeur, voulant lui prouver que, s'ils ont été un
instant égarés, ils ont désormais à cœur de se montrer dignes
d'un si vaillant capitaine. Deux heures après, Yusuf rentrait chargé des dépouilles de l'ennemi et recevait les félicitations fraternelles du capitaine d'Armandy (*Douze ans en
Algérie, de* 1830 *à* 1842, par le docteur Bonnafont).

1. Notes inédites du général Abdelal.

physiques et morales pour commander une troupe comme la sienne. Aussi en était-il adoré et pouvait-il tout lui demander. Comblé de faveurs par la France, il avait été désigné pour remplacer Ahmed-Bey, dès qu'on se serait emparé de Constantine. Ami du luxe et du faste oriental, il n'avait cessé de porter le costume indigène.

» Dès 1836, il avait pris le costume de bey et s'en faisait rendre les honneurs; il vivait à Bône entouré d'une véritable cour, avec ses aghas, ses chaouss et ses gardes. Mais les délices ne l'amollissaient pas; il était toujours le premier prêt à partir en expédition.

» C'est sous les auspices de ce grand homme de guerre dont l'origine était à peu près semblable à la mienne, qui m'inspirait une profonde vénération et dont j'enviais la fortune, que je fis mes débuts dans la carrière militaire [1]. »

Abdelal s'appliqua à remplir avec exactitude

---

1. Cette appréciation est peut-être un peu trop flatteuse.

ses pénibles devoirs de spahi ; il servit avec zèle et assiduité. Son savoir et son habileté comme cavalier le firent remarquer de ses chefs et, trois mois après son arrivée au corps, il fut nommé brigadier.

En ce moment, on organisait à Bône une colonne destinée à réparer l'échec de 1836. L'expédition de Constantine qui, par suite d'impéritie, avait été une cause d'humiliation pour nos armes, était aussi pour le patriotisme français de toute opinion un souvenir

Sans doute, le commandant Yusuf était alors un brillant officier, très séduisant et de beaucoup de bravoure ; mais, en 1836, c'est-à-dire l'année qui avait précédé l'engagement d'Abdelal, il avait manqué de discernement, quand il avait fait croire au maréchal Clauzel que les chemins de Constantine nous seraient facilement ouverts, qu'une partie des habitants nous attendait et qu'il n'était pas besoin de beaucoup de troupes pour s'emparer de Constantine. Loin de nous la pensée de vouloir diminuer le mérite de Yusuf, mais il aurait dû se montrer plus prudent dans une entreprise qui engageait si fort sa responsabilité, ainsi que l'honneur de son pays, et qui compromettait, par-dessus tout, le prestige et la gloire de l'armée, en face d'un peuple qu'on avait l'intention de soumettre.

pénible mêlé à un ardent désir de réparation.
Si on se rappelait la malheureuse retraite de
Constantine et le triste spectacle qu'avaient
présenté nos troupes, reculant devant l'ennemi avec un prince et un maréchal de
France à leur tête, on avait aussi présente à la
mémoire la vigoureuse et énergique résistance
du commandant Changarnier[1]. Tout le monde
voulait une revanche; et chacun désirait une
seconde expédition.

1. *Changarnier* (Nicolas-Aimé-Théodule), né à Autun en
1793, sortit de Saint-Cyr en 1815 pour entrer dans une compagnie privilégiée des gardes du corps de Louis XVIII; il
prit part à la guerre d'Espagne et ne fut nommé chef de
bataillon qu'en 1835. A partir de ce moment, son avancement fut très rapide; il fut nommé lieutenant-colonel en
1836, après la malheureuse expédition de Constantine, continua à se distinguer dans un grand nombre d'expéditions,
reçut une blessure grave près de Médéah et fut nommé successivement colonel, général de brigade et enfin général
de division en 1843. Gouverneur général de l'Algérie en 1848,
il fut nommé, la même année, commandant de la garde
nationale de Paris et commandant les troupes de la 1re division militaire. Interné au 2 Décembre et expulsé, il rentra
en France en 1859, prit part à la guerre de 1870, fut
nommé député à l'Assemblée nationale, sénateur inamovible et mourut en 1879.

Mais, à cette époque, le gouvernement français avait une politique timide et hésitante. Il voulait occuper non pas l'Algérie, mais certains points en Algérie; l'occupation ne devait pas s'étendre au delà du littoral. Toutefois, dans certaines circonstances, la force des choses devient irrésistible et commande aux gouvernements eux-mêmes. La nécessité nationale de s'emparer de Constantine fit brèche au système étroit présenté par les ministres de Louis-Philippe; et l'armée expéditionnaire, destinée à prendre la revanche, fut organisée à Bône, en 1837.

Dix mille hommes environ furent concentrés au camp de Medjez-Ammar, sur la Seybouse, à moitié chemin de Bône à Constantine. L'escadron de spahis dans lequel Abdelal était brigadier faisait partie de cette armée expéditionnaire. Le général comte de Damrémont [1] en

1. *Damrémont* (Charles-Marie-Denis, comte de) né en 1783, sorti en 1804 de l'École de Fontainebleau, prit part à toutes les campagnes du premier empire et fut fait colonel

prit le commandement; il avait pour chef d'état-major le général Perrégaux[1]. Le duc de Nemours avait assisté au revers, il était juste qu'il assistât à la réparation. Le commandement de la 1re brigade lui fut confié.

Voici le récit de cette expédition fait par le général Abdelal lui-même :

« La colonne se mit en mouvement, le 1er octobre 1837, et, malgré tous les efforts

sur le champ de bataille de Lutzen ; il devint maréchal de camp en 1823, lieutenant général en 1831, pair de France en 1835 et fut nommé, la même année, en Algérie, pour y remplir les fonctions de gouverneur général. Il fut tué au siège de Constantine, le 12 octobre 1837.

1. *Perrégaux* (François-Alexandre-Charles de), né à Neuchatel (Suisse) en 1791, était capitaine en 1810 et entra dans les gardes du corps du roi, en 1814; puis il devint lieutenant-colonel de la garde, en 1819, colonel en 1823 et maréchal de camp, en 1834. En Afrique, il se fit connaître comme un brillant officier, dans les expéditions de Mascara et de Tlemcen; il fut chargé d'un corps de 5 000 hommes avec lequel il soumit vingt-deux tribus arabes des environs d'Oran. En 1837, il prépara, en qualité de chef d'état-major, une seconde expédition de Constantine, fut frappé d'une balle à la tête pendant l'attaque de cette ville et mourut en mer en se rendant en France.

4

tentés par la cavalerie ennemie pour arrêter notre marche, nous parvînmes le 5 du même mois sur le plateau de Mansourah[1]. Notre arrivée sur ce point fut saluée par le feu de l'artillerie de Constantine.

» La colonne se scinda aussitôt en deux parties : la première sous les ordres du général Trézel resta sur le plateau avec mission de bombarder la ville ; la deuxième avec le général en chef comte de Damrémont, accompagné de son chef d'état-major, du duc de Nemours et des généraux d'artillerie et du génie, essaya de tourner le ravin. Elle traversa le Rummel aux arcades romaines et vint s'établir sur le Coudiat-Aty.

» Le deuxième jour, toutes les bouches à

---

1. Ce plateau domine complètement la ville. Le général Desvaux avait eu l'intention d'y construire une ville française, afin de ne pas toucher à la ville arabe, ce qui aurait bien mieux valu, au point de vue archéologique, et aussi à celui de la commodité et de la salubrité publique. Ce projet n'a pas été adopté. On s'est contenté de construire sur ce plateau le quartier des chasseurs d'Afrique.

feu de Mansourah bombardèrent inutilement la ville. En vain, les batteries de la Casbah furent-elles culbutées. Constantine résista.

» Le troisième jour, on transporta au Coudiat-Aty la plus grande partie de l'artillerie et on construisit des batteries de brèche, qui ouvrirent leur feu le 11 octobre. L'effet fut immédiat et terrible. En deux ou trois heures le couronnement des murailles fut détruit et mis hors d'état de protéger les pièces de rempart; le chemin d'accès était praticable. Le gouverneur général, qui avait jugé le danger des assiégés, fit passer à la ville des propositions de capitulation. Le lendemain seulement, il reçut une réponse, elle était hautaine et caractéristique : « Nous avons à Constantine, disaient les assiégés, des magasins encombrés de munitions de guerre et de bouche. Les Français manquent-ils de froment et de poudre? Nous leur en enverrons; mais ils nous parlent de brèche et de capitulation, nous ne savons pas ce qu'ils veulent dire. Derrière la brèche, il y a des maisons, dans ces maisons, il y aura des guerriers, et nous ne rendrons la ville que lorsque toutes les maisons seront brûlées et les guerriers morts [1]. »

Le général Damrémont fit traduire cette réponse par Abdelal.

— Bien, dit-il, ce sont des gens de cœur ; Constantine nous coûtera plus cher, soit ; mais la gloire paiera le sang.

« Malheureusement, le 12 octobre, à dix heures du matin, le général en chef fut tué par un boulet parti de la place, et son chef d'état-major, le général Perrégaux, fut blessé mortellement [2].

» Le général Valée [3] prit le commandement

1. Notes inédites du général Abdelal.

2. Un monument a été élevé sur l'emplacement même où le général de Damrémont a été tué.

3. *Valée* (Sylvain-Charles, comte), né à Brienne en 1773, entra à l'école militaire de cette ville, puis à l'école d'artillerie de Châlons, dont il sortit lieutenant en 1792; promu capitaine en 1795, il n'obtint qu'en 1802 le grade de chef de bataillon, après avoir assisté toutefois aux différentes campagnes de l'époque. Il fut nommé major en 1804, colonel

en chef et suivit le plan de son prédécesseur.
Il annonça qu'on monterait à l'assaut le lendemain, 13 octobre, à cinq heures du matin.
A l'heure dite, les colonnes d'assaut se mirent en mouvement et Constantine fut emportée au prix de prodiges de valeur et de pertes énormes. A dix heures, la lutte était finie [1]. »

Quand on a parcouru les quartiers arabes existant encore à Constantine, on peut se faire une idée de la difficulté de l'entreprise. L'héroïsme de nos soldats fut au-dessus de tout éloge. Mais, après la prise, la ville offrit un spectacle lamentable : toutes les rues étaient encombrées de cadavres; c'était comme un chaos de débris humains, sanglants, dé-

en 1807, général de brigade en 1810, général de division en 1814. Napoléon le créa comte en 1814. Rallié au gouvernement de Louis XVIII, il fut nommé inspecteur général d'artillerie en 1822, pair de France en 1830. Le gouvernement de Juillet le laissa d'abord à l'écart, puis il l'envoya en Afrique, où il succéda, en qualité de gouverneur, au général Damrémont, après la prise de Constantine (1837). Il mourut en 1846.

1. Notes inédites du général Abdelal.

figurés, calcinés; c'étaient des agonies de Français, de Kabyles et de Turcs épars à travers les décombres.

Lorsque le général Rullière [1] monta vers la Casbah, qui occupe la partie la plus élevée de la ville, il en trouva l'enceinte déserte. On aperçut seulement quelques Kabyles et quelques Turcs qui se traînaient le long des ravins à pic de la montagne. Ces derniers défenseurs de Constantine, avant de disparaître dans la profondeur des précipices, se retournaient encore une fois vers les Français et déchargeaient contre eux leurs fusils : inutiles et

1. *Rullière* (Joseph-Marcellin), admis dans les vélites-grenadiers de la garde impériale en 1807, fut nommé sous-lieutenant en 1809, chef de bataillon en 1819, lieutenant-colonel en 1820, colonel en 1824, maréchal de camp en 1832 et lieutenant général en 1837. Il était grand officier de la Légion d'honneur et chevalier de Saint-Louis. Représentant à la Constituante et à la Législative, ministre de la guerre du 10 décembre 1848 au 31 octobre 1849, il fut le promoteur de la loi du 21 août 1849 qui relevait de la retraite les officiers généraux retraités d'office par le gouvernement provisoire; il bénéficia lui-même de cette loi, fut retraité de nouveau en 1851, et mourut le 24 août 1864.

suprêmes efforts de l'intrépidité vaincue par la discipline et le génie de la guerre! Des milliers d'hommes, de femmes, d'enfants, plus confiants dans les abîmes que dans la pitié des Français vainqueurs, cherchèrent à se sauver sur les pentes à pic; leurs moyens de salut étaient des cordes attachées aux pitons supérieurs des rochers; mais ces cordes se rompirent. On vit alors des masses humaines rouler le long du mur des rochers; ce fut comme une grande et épouvantable cascade de cadavres. Quand les Français arrivèrent à la Casbah, cette effroyable chute d'une population à des profondeurs mortelles avait déjà eu lieu; ils n'aperçurent que d'informes morceaux gisant au pied de la montagne [1].

« Pendant les huit jours que dura le siège, ajoute le général Abdelal, Ahmed-Bey, qui occupait les environs de Constantine [2] avec

---

1. Poujoulat, *Histoire de France* depuis 1814 jusqu'au temps présent.

2. Une chose singulière, c'est que Constantine, dont l'ori-

une nombreuse cavalerie, venait attaquer chaque jour nos deux camps et principalement les derrières du Coudiat-Aty, tandis que son premier ministre Ben-Aïssa [1], renfermé dans la place, faisait des sorties par la porte de la brèche. Ils ne furent pas plus heureux l'un que l'autre. Le bey et sa cavalerie assistèrent des hauteurs d'Aïn-el-Bey à la prise de Constantine et tournèrent bride vers le sud, quand

gine remonte aux temps les plus reculés, n'ait conservé dans son intérieur aucun de ses anciens monuments, pas même les ruines de ceux que les Romains y ont construits. Cela vient sans doute de ce que les Arabes, ayant fait de cette ville leur résidence principale, y ont tout détruit et n'ont voulu y laisser aucun souvenir des *roumis*. Si l'aqueduc sur le Rummel et le pont El-Kantara font exception, c'est probablement parce qu'ils ont résisté aux moyens destructeurs.

1. *Ben-Aïssa* était un simple forgeron de la tribu des Beni-Fergen. Venu à Constantine pour y gagner sa vie, il fut un jour remarqué par Hadj-Ahmed-Bey, qui le prit à son service ; il sut capter la confiance de son maître et devint bientôt son premier ministre, pour ne pas dire son exécuteur des hautes œuvres. C'est lui qui présidait aux exécutions sommaires ordonnées par le bey, qui décréta l'extermination des Turcs et le meurtre des principaux habitants de Constantine.

ils virent flotter le drapeau français sur la Casbah[1]. »

Le jour de l'assaut, le brigadier Abdelal fut nommé maréchal des logis en récompense du sang-froid et de la bravoure dont il avait fait preuve dans toutes les missions périlleuses qui lui avaient été confiées.

Lorsque le général Valée entra dans le palais du bey, le harem y était encore; il se composait de deux cent cinquante femmes environ, de toutes nuances et de tout âge, blanches, noires, jeunes, vieilles, laides et jolies. La gardienne était la belle Aïcha, femme magnifique et luxueusement vêtue.

Cette réunion de femmes devint un embarras. On ne savait trop comment leur rendre la liberté d'une manière convenable. Le général en chef et le duc de Nemours conseillèrent de leur demander où elles désiraient se retirer de préférence. Abdelal fut

1. Notes inédites du général Abdelal.

chargé de leur transmettre cette proposition. La plupart d'entre elles demandèrent à être transportées à Tunis ; les autres restèrent à Constantine. La gardienne du harem, la belle Aïcha, qui, du temps du bey, avait réussi à établir une correspondance avec un Maure de la ville, manifesta le désir d'être conduite chez lui. Aïcha était grande, bien faite et n'avait jamais voulu se teindre avec du *henné* [1] ; ses cheveux étaient d'un noir d'ébène ; son teint blanc et rose ; ses grands yeux noirs avaient une expression douce et caressante ; ses mains étaient parfaitement soignées ; son pied mince et cambré ; elle était toujours richement mise et portait ordinairement une *sarma* [2] qui lui donnait l'aspect d'une reine.

1. *Henné* (Cyprus), herbe dont les femmes arabes se servent pour se teindre les cheveux, la paume de la main et la plante des pieds. Les Arabes l'emploient également comme astringent pour guérir les excoriations des chevaux.

2. La *sarma* est une coiffure semblable à celles que por-

Quelque temps après sa sortie du harem, un prêtre parvint à la catéchiser et à lui faire demander le baptême. Elle fut conduite à Alger, et, son instruction catholique étant arrivée à un degré suffisant, Mgr Dupuch, qui était Bordelais, la recommanda à une de ces anciennes paroissiennes de Bordeaux, madame la comtesse X***, qui sollicita la faveur d'être sa marraine. La reine Amélie, cette sainte femme qui allait toujours au-devant de ce qui pouvait contribuer à une bonne œuvre, devint aussi la protectrice de la nouvelle néophyte. Aïcha fut donc baptisée et tous les journaux catholiques de l'époque célébrèrent avec pompe cette nouvelle conversion. Quelques mois après son baptême, Aïcha alla voir sa marraine à Bordeaux, où elle resta six semaines. Mais le mode d'existence que lui faisait sa nouvelle religion et probablement les exigences qu'elle lui imposait, ne furent

taient les grandes dames du moyen âge ; elle sert à soutenir un voile de gaze qui pend derrière la tête.

pas longtemps de son goût. Elle déserta bientôt le giron de l'Église pour aller reprendre une vie plus en harmonie avec ses anciennes habitudes et avec la religion de Mahomet, dans laquelle elle avait vécu [1].

Abdelal parlait avec un grand enthousiasme de la belle Aïcha, et il ne serait peut-être pas téméraire de croire qu'il n'avait pas été insensible à ses charmes. Quoi qu'il en soit, le 14 octobre, il fut détaché auprès du général Trézel, qui l'avait déjà eu sous ses ordres dans la province d'Alger et qui avait apprécié l'importance de ses services. Il remplissait les fonctions d'interprète dans les nombreux interrogatoires qui eurent lieu, après la reddition de la ville.

Au bout de trois semaines, une partie du corps expéditionnaire quitta Constantine, et Abdelal revint à Bône avec son général.

Vers la fin du mois de novembre, le général

1. Bonnafont, *Douze ans en Algérie.*

Négrier [1] fut investi du commandement de la province de Constantine, en remplacement du général Bernelle [2]. Dans la position difficile qu'il allait occuper, il lui était nécessaire d'avoir auprès de lui un interprète intelligent, énergique, dévoué, connaissant parfaitement la langue et les mœurs des indigènes. Dès son

1. *Négrier* (François-Marie-Casimir de), né en 1788 au Mans, s'engagea en 1805 et fut nommé chevalier de la Légion d'honneur deux ans après (1807); il fit toutes les guerres d'Espagne et rentra en France en 1813 avec le grade de chef de bataillon. L'année suivante (1814), il reçut la croix d'officier et fut nommé lieutenant-colonel (1825). Envoyé en Afrique, il se distingua dans plusieurs expéditions, devint général de brigade en 1836, fit l'intérim comme gouverneur de l'Algérie (1837), pendant l'expédition de Constantine, et fut nommé général de division en 1841. Inspecteur général d'infanterie en 1843, grand officier en 1847, il fut frappé d'une balle au front pendant l'insurrection de 1848. La ville de Lille lui a élevé une statue.

2. *Bernelle* (Joseph-Nicolas) prit part aux dernières guerres de l'Empire et parvint rapidement au grade de chef de bataillon (1813); mais il ne fut nommé lieutenant-colonel qu'en 1831, puis colonel en 1833 et enfin maréchal de camp en 1837. Il était commandeur de la Légion d'honneur et chevalier de Saint-Louis.

arrivée à Bône, il demanda au général Trézel de lui trouver cet homme de confiance ; et le maréchal des logis Abdelal fut immédiatement désigné pour suivre le nouveau commandant de la province.

En ce moment, notre situation à Constantine, sans être critique, demandait un homme tel que le général Négrier. La ville regorgeait d'Arabes (25 000 environ) qui, revenus de leur premier effroi, commençaient à relever la tête et songeaient intérieurement aux chances d'une revanche.

Le pays n'était soumis qu'aux environs de Constantine ; partout ailleurs les troupes françaises s'étaient à peine montrées. Le général de Négrier n'avait avec lui que dix-huit cents hommes de garnison. Grâce à son énergie et à son caractère indomptable, il sut, avec cette poignée d'hommes, imposer à toute la population. Trois mois après son arrivée à Constantine, l'autorité française était respectée et le général pouvait songer à montrer le drapeau français en dehors des murs de la ville.

La première expédition fut dirigée contre Skikda (aujourd'hui Philippeville), bourgade située au bord de la mer, presque exactement au nord de Constantine. Le général de Négrier se proposait à la fois de tenter la soumission des tribus situées entre Constantine et la mer, de reconnaître le pays, de rectifier les cartes qui avaient été établies sur des données incertaines, de faire enfin des sondages sur le littoral aux environs de Skikda, pour savoir s'il y avait possibilité d'y établir un port.

La colonne comprenait : mille hommes d'infanterie, trois cents chasseurs d'Afrique, cent cinquante spahis et un goum des plus braves commandé par le caïd Ali, devenu plus tard *khalifa* et commandeur de la Légion d'honneur.

Toutes les tribus, qui n'étaient ni soumises, ni en rebellion ouverte, furent prévenues à l'avance de la reconnaissance tentée par le général de Négrier ; elles furent aussi invitées à profiter du passage de la colonne pour faire leur soumission.

Elles étaient, en outre, informées que pour un coup de fusil tiré sur nos troupes, elles s'exposeraient à un châtiment redoutable. Ce fut le maréchal des logis Abdelal qui fut chargé de rédiger cette sorte de note comminatoire.

La colonne partit de Constantine le 7 avril 1838 et s'établit le soir même sur les hauteurs de l'Oued-Smendou[1]. Dès son arrivée, le général de Négrier reçut, dans son camp, la soumission des Eulmas qui apportèrent une *diffa* magnifique et un cheval de soumission. Aucun groupe ennemi ne se montra.

Le 8 avril, en descendant dans la vallée d'El-Arrouch, on commença à apercevoir sur

1. Sur cet emplacement, un village a été fondé le 9 septembre 1847, sous le nom de Condé-Smendou ; il a été érigé en commune de plein exercice le 21 août 1861 ; il est assez prospère et compte aujourd'hui 5000 habitants, dont 4500 indigènes.

les montagnes éloignées quelques contingents dont le nombre allait toujours grossissant du côté du nord. Quand la colonne s'arrêta pour camper, elle était entourée, à cinq, six et sept kilomètres par une véritable nuée de Kabyles. Le général de Négrier prit immédiatement les dispositions que la situation comportait et attendit bravement. Vers le soir, une vingtaine de chefs ou notables se présentèrent à sa tente. Le maréchal des logis Abdelal, qui fut leur interprète, fit connaître au général que les esprits étaient en ébullition et que des contingents considérables arrivés de l'Eydoug, des Zerdezas, de Stora, de Collo, même de Djidjelli et de Bougie, étaient venus se joindre aux habitants du pays et les excitaient à la révolte. Ces chefs vinrent baiser la main [1] du général pour reconnaître son autorité, mais

1. Les Arabes ne peuvent que baiser la main des fonctionnaires dont ils sont les inférieurs, tandis qu'il est d'usage et même obligatoire de baiser la main ou la tête d'un marabout quand on le rencontre ou qu'on va chez lui.

ils se présentaient personnellement pour faire leur soumission; leur influence était alors méconnue et ils ne pouvaient rien contre les intentions hostiles dont était animée la plus grande partie des montagnards.

Le général de Négrier, par l'intermédiaire du maréchal des logis Abdelal, leur parla avec bienveillance et fermeté; il accepta leur soumission personnelle, donna l'investiture de cheik à douze d'entre eux et les renvoya immédiatement dans leurs tribus, en les engageant à user de leur influence pour faire renoncer leurs coreligionnaires, dans leur unique intérêt, à tout projet d'hostilité.

Le 9 avril, la colonne se remit en marche, à la pointe du jour. A onze heures, elle arrivait à Skikda, sans être inquiétée, et s'établissait militairement à l'endroit appelé depuis le plateau Négrier. Les officiers d'état-major et du génie reçurent l'ordre de prendre leurs dispositions pour lever le pays et faire des sondages sur le littoral.

Dans la journée, le maréchal des logis Abdelal se mit en relation avec les indigènes qu'il rencontra, les interrogea adroitement et apprit d'une manière indirecte que l'attitude des tribus environnantes devenait de plus en plus menaçante. Il communiqua aussitôt au général les renseignements qu'il avait recueillis, et bien lui en prit, car ses prévisions n'étaient que trop fondées. Le soir, à huit heures, le camp fut attaqué sur ses quatre faces; mais les grand'gardes veillaient et il suffit d'un piquet de deux cents hommes envoyés à leur secours, pour résister à l'attaque mal combinée et rejeter au loin les assaillants.

Le lendemain, dès l'aube, la moitié de l'infanterie et toute la cavalerie française et indigène se porta en avant, à l'ouest et au nord, pour permettre l'exécution des travaux de la reconnaissance; le reste de l'infanterie garda le camp.

Les Kabyles résistèrent partout et ne cédèrent la place qu'après avoir perdu un grand nombre des leurs; tous furent délogés de leurs positions et s'enfuirent vers l'ouest. Le nord se trouva dégarni et les sondages purent être exécutés. A onze heures, tout était terminé; le camp fut aussitôt levé et le mouvement de retraite commença.

L'infanterie formait un carré creux au milieu duquel marchait le convoi; la cavalerie, placée aussi dans l'intérieur du carré, était prête à soutenir l'infanterie; l'artillerie était répartie entre l'arrière-garde et le flanc droit qui était le plus menacé. Quant au goum du caïd Ali, il avait pris les devants et simulait une défection.

La colonne n'avait pas parcouru deux kilomètres, que l'ennemi apparut de tous côtés. En un instant, toutes les crêtes furent garnies et on pouvait évaluer, sans exagération, l'effectif des combattants à plus de douze mille hommes. L'attaque, commencée en même temps sur les quatre faces, fut particulièrement violente sur le flanc droit. Les Kabyles furieux s'avançaient jusqu'à 50 mètres de l'infanterie qui les recevait par des feux de peloton et des salves de mitraille de l'artillerie. Le général de Négrier se porta du côté le plus menacé. Un moment, il put craindre que son flanc droit serait enfoncé; quinze à dix-huit cents Kabyles s'avançaient en masse compacte et allaient arriver jusque sur les baïonnettes de nos soldats, quand, tout à coup, pris par derrière et en flanc par les goumiers, ils durent songer à se défendre au lieu d'attaquer.

C'était le caïd Ali qui, parti en avant, était revenu sur ses pas, en entendant le bruit de la fusillade devenir de plus en plus intense; il avait deviné le danger, s'était embusqué et apparaissait juste à temps peut-être pour sauver la colonne.

« J'étais alors derrière le général, raconte Abdelal. J'aperçus le premier les cavaliers du goum. Pressentant la mêlée, je courus, seul, sans pouvoir me contenir, sus à l'ennemi. J'arrivai de face quand le goum arrivait de flanc.

5.

Je me trouvai un moment isolé au milieu de la bagarre; mon cheval, en se cabrant, eut le boulet du membre antérieur droit tranché d'un coup de yatagan. Dans cette position critique, je déchargeai à bout portant mes deux pistolets sur les Kabyles qui s'accrochaient à mes vêtements, et je faisais jouer vigoureusement la lame de mon sabre. Quand les chasseurs d'Afrique, d'un côté, et les goumiers du caïd Ali, de l'autre, arrivèrent pour me dégager; mon cheval, d'une extrême vigueur, gambadait encore sur trois jambes[1]. »

En voyant partir le maréchal des logis Abdelal, le général de Négrier comprit l'importance d'une charge de front, coïncidant avec la charge de flanc du caïd Ali; il lança aussitôt à la suite du maréchal des logis deux escadrons de chasseurs d'Afrique. Cavaliers français et indigènes firent des prodiges de valeur. L'ennemi, atterré par ces deux attaques su-

____

1. Notes inédites du général Abdelal.

bites, ne songea plus à résister ; il prit la fuite et se précipita en masse dans le lit de la rivière, appelée *Oued-el-N'ça*. Il se fit là un carnage épouvantable qui ne cessa, pour ainsi dire, que lorsque les bras furent las de frapper. Plus de cinq cents cavaliers kabyles jonchèrent le sol. Nos troupes éprouvèrent des pertes relativement considérables ; nous eûmes une centaine d'hommes hors de combat et une quarantaine de chevaux tués ou blessés.

Les goumiers ramenèrent dix prisonniers pris les armes à la main. Le général leur fit trancher la tête séance tenante. Cette justice un peu expéditive avait sa raison d'être, à cette époque, en Afrique, à l'égard des insurgés.

Le général de Négrier félicita publiquement le maréchal des logis Abdelal de sa bravoure, mais il lui recommanda d'être un peu moins téméraire à l'avenir.

Le danger disparu, la retraite continua avec la même régularité que si rien ne s'était passé. Il y eut bien encore quelques escarmouches lorsqu'on se mit en marche ; l'ennemi chercha à harceler la colonne, mais, par ses attaques mollement conduites, on sentait qu'il était encore sous le coup des pertes qu'il venait de subir.

Cependant, vers quatre heures, on vit apparaître, sur les hauteurs, une masse d'hommes armés qui se disposaient à arrêter la marche de la colonne. Les Kabyles s'avançaient en ordre compact ; arrivés sous l'action de notre feu, un certain désordre se mit parmi eux et ils se scindèrent pour l'attaque.

La colonne était alors sur la crête d'une colline couverte de broussailles. Sans se préoccuper des difficultés du terrain, le général de Négrier, profitant de l'indécision de l'ennemi, lança toute sa cavalerie française et indigène contre cette masse d'assaillants. Le succès fut complet. Dans cette deuxième et dernière charge, le goum du caïd Ali fit encore quelques prisonniers qui furent conduits au général de Négrier, et aussitôt décapités par un de ses chaouchs.

L'ennemi cessa enfin son feu et se contenta de suivre des yeux le mouvement de retraite de nos troupes. A six heures du soir, la colonne établissait son camp à El-Arrouch, à l'emplacement même qu'elle avait occupé deux jours auparavant. Si cette journée avait été rude pour nos hommes, en revanche, la victoire nous avait constamment souri et notre prestige militaire, aux yeux des indigènes, avait considérablement grandi. La marche hardie et victorieuse sur Skikda avait fait oublier la malheureuse retraite de Constantine.

Le 11 avril, au moment de quitter El-Arrouch, on aperçut sur les hauteurs un grand nombre de Kabyles sans armes qui discutaient bruyamment entre eux. Puis quelques hommes se détachèrent des principaux groupes et se dirigèrent sur le camp; ils venaient demander l'*aman*. Le général de Négrier fit répondre, par l'intermédiaire du maréchal des logis Abdelal, qu'il ne leur accorderait le pardon que lorsqu'ils iraient l'implorer à ses pieds dans son palais de Constantine. Il voulait que cet acte de soumission publique eût un grand retentissement.

Le lendemain, 12 avril, la colonne rentrait triomphalement à Constantine et les principaux chefs de tribus révoltées venaient implorer leur pardon et acceptaient humblement les conditions qui leur étaient imposées.

Dans cette reconnaissance sur Skikda, nous avions eu 150 hommes tués ou blessés; les Kabyles avaient perdu plus de deux mille des leurs.

A la suite de cette expédition et notamment pour sa brillante conduite dans l'affaire du 10 avril, le maréchal des logis Abdelal fut proposé pour la croix de chevalier de la Légion d'honneur. Mais des dissentiments graves surgirent en ce moment entre le maréchal Valée, gouverneur de l'Algérie, et le général de Négrier, commandant la province de Constantine. Ce dernier ne croyait pas devoir accepter les plans donnés par le gouverneur, en ce qui concernait la direction des affaires civiles et indigènes dans sa province. Il en résulta des froissements fâcheux et des atermoiements déplorables pour les intérêts de l'armée, pour l'affirmation de notre conquête et pour le progrès de la colonisation.

Le général de Négrier combattit d'abord avec énergie les programmes peu pratiques qui lui étaient envoyés d'Alger; mais, voyant bientôt que ses plans de réorganisation étaient repoussés de parti pris et qu'il ne se trouverait jamais en communauté d'idées avec le gouverneur général, il demanda à rentrer en France.

On ne donna pas de suite aux propositions pour la croix faites après l'expédition sur Skikda. Le maréchal des logis Abdelal ne fut pas décoré et ne resta pas à Constantine après le départ de son général. Il alla rejoindre son escadron, à Bône, dans les premiers jours du mois de juillet.

IV

Abdelal est proposé pour le grade de sous-lieutenant, lettres
du général Trézel. — Abdelal est nommé sous-lieutenant
en 1841, lieutenant et chevalier de la Légion d'honneur
en 1842. — Le général de Négrier le prend auprès de lui
en qualité d'officier d'ordonnance ; il conserve les mêmes
fonctions auprès du général Baraguey d'Hilliers. — Por-
traits des généraux et récit des colonnes expéditionnaires
qu'ils ont commandées.

Rentré à Bône, Abdelal eut à cœur de se
mettre à la hauteur de ses nouvelles obligations ; il remplit ses devoirs de maréchal des
logis avec assiduité et intelligence et fut bientôt
noté comme le meilleur sous-officier de son
escadron. Ses mérites militaires et ses brillants

états de service plaidaient en sa faveur : il fut
proposé pour le grade de sous-lieutenant, en
1838, c'est-à-dire un an après sa nomination
de sous-officier.

Les généraux qui l'avaient eu sous leurs
ordres avaient reconnu en lui des qualités militaires sérieuses et lui avaient donné des notes
telles, qu'un avancement rapide devait en être
la conséquence inévitable. Le général Trézel,
par exemple, qui le connaissait de longue date,
était à même, mieux que tout autre, de l'apprécier à sa juste valeur. Voici le certificat
qu'il lui fit remettre lorsque Abdelal quitta
l'état-major du général de Négrier pour rentrer
à Bône dans son escadron.

« Je soussigné certifie que le sieur Abdelal,
maréchal des logis aux spahis réguliers de
Bône, a servi sous mes ordres en cette qualité
et précédemment comme interprète ; que, dans
l'une et dans l'autre de ces deux fonctions, il
s'est conduit avec beaucoup de distinction et
de courage. Maintes fois il s'est lancé avec nos

cavaliers et nos zouaves contre l'ennemi et s'y est toujours fait remarquer.

» Le gouverneur général duc de Rovigo affectionnait ce ferme et brave interprète qui a fait le sacrifice d'avantages pécuniaires considérables pour recommencer sa carrière militaire comme simple spahi.

» Il a été plusieurs fois cité au nombre des plus braves par les commandants de nos avant-gardes et c'est lui qui s'est lancé des premiers au secours du fils du général Bro, blessé et qui allait être massacré par les Hadjoutes. Abdelal a continué depuis de servir avec le même dévouement sous les ordres du général Négrier, à Constantine, et je ne doute point que cet officier général ne l'ait signalé aussi comme très digne de la décoration de la Légion d'honneur et de l'avancement au choix.

» Le soussigné désire vivement que son témoignage serve à constater les titres de ce jeune militaire à la bienveillance du roi[1]. »

L'année suivante, le général Trézel, qui était alors directeur du personnel au ministère de la guerre, écrivit au commandant[2] des spahis de Bône pour lui recommander le maréchal des logis Abdelal :

« Mon cher commandant, au mois de décembre dernier, j'ai eu l'honneur d'appeler votre attention sur un sous-officier de spahis dont vous avez sans doute apprécié la bravoure et le mérite. Je veux parler d'Abdelal, qui serait déjà capitaine, s'il eût été lié au service depuis qu'il est en Afrique. S'il se conduit toujours comme je l'ai vu faire, il mérite autant et plus qu'un autre de passer officier, et je pense le trouver en bonne ligne sur le tableau d'avancement de la prochaine inspection. J'aurai soin de faire connaître à M. le

1. Cette lettre est datée du 27 septembre 1838.
2. Le commandant des spahis de Bône était alors M. *Mirbeck.*

lieutenant général Bonnemains combien il est digne de sa bienveillance [1]. »

Cette lettre flatteuse vint confirmer le commandant de spahis dans la bonne opinion qu'il avait déjà du maréchal des logis Abdelal. Il le proposa de nouveau pour officier, à l'inspection générale de 1839 et lui donna les notes les plus brillantes. Malgré cela, par suite d'un concours de circonstances fâcheuses et du manque de place, il dut encore attendre, pendant près d'un an, le grade de sous-lieutenant.

Les marais pestilentiels qui avoisinaient Bône rendaient cette ville très malsaine. Les fièvres paludéennes faisaient de nombreuses victimes dans notre armée et Abdelal dut payer son tribut au climat. A la fin du mois de janvier 1840, il fut obligé d'entrer à l'hôpital et, quelques semaines après, on l'envoya en France avec un congé de convalescence de

1. Cette lettre est datée du 2 juillet 1839.

trois mois. Tandis qu'il était à Marseille, dans sa famille, pour se remettre de ses fatigues, le général Trézel, qui veillait toujours sur son protégé, lui écrivit la lettre suivante :

« Lorsqu'il se fera une promotion dans les spahis de Bône, je mettrai avec beaucoup d'intérêt sous les yeux du ministre vos titres au grade de sous-lieutenant. Vous pouvez être certain qu'il ne dépendra pas de moi que cette récompense ne soit accordée à vos excellents services.

» Je regrette bien de vous savoir encore malade en France. Il peut y avoir des coups à donner là-bas et je craindrais que vous ne manquassiez des occasions que vous cherchez volontiers[1]. »

Abdelal fut nommé sous-lieutenant au titre indigène, le 7 juillet 1840, c'est-à-dire après trois ans de service. Il fut placé dans un des escadrons de Bône et resta dans cette ville

---

1. Cette lettre est datée du 15 mars 1840.

jusqu'au commencement de 1841. A cette époque, il fut appelé à Constantine par le général de Négrier, qui, après avoir obtenu gain de cause à Paris, venait d'être nommé au commandement de cette province, en remplacement du général de Galbois[1]. Le général de Négrier n'avait point oublié les services qu'Abdelal lui avait rendus pendant l'expédition de Skikda; il le prit comme officier d'ordonnance, et, l'année suivante, il le fit nommer chevalier de la Légion d'honneur (3 janvier 1842) et lieutenant (19 mai 1842).

A cette occasion le général Trézel lui adressa la lettre suivante :

« C'est pour moi une grande satisfaction d'apprendre que vous avez reçu croix d'honneur et nouveau grade. Vos fonctions près du

---

1. *Galbois* (Nicolas-Marie-Mathurin, baron de), fit les campagnes de l'Empire pendant lesquelles il arriva au grade de colonel; mis à l'écart sous la Restauration, il reprit du service en 1830, fut nommé maréchal de camp en 1831, lieutenant général en 1838 et mourut en 1850. Il était grand officier de la Légion d'honneur.

général commandant la province de Constantine témoignent de sa confiance en vous et des services que vous avez rendus depuis que vous servez sous ses ordres. Je ne doute point de la continuation de ses bonnes dispositions à votre égard, puisque vous avez tout ce qu'il faut pour les justifier.

» Le général Bro, que je viens de revoir à Lille, m'a parlé de vous avec reconnaissance pour le courage que vous avez mis à sauver son cher Olivier du yatagan des Arabes. »

Abdelal conserva les fonctions d'officier d'ordonnance pendant plusieurs années, il servit, en cette qualité, d'abord auprès du général de Négrier, puis auprès du général comte Baraguay-d'Hilliers et du duc d'Aumale.

« Je passai là, écrivait-il plus tard, les plus belles années de ma vie. Installé dans l'ancien palais du bey et investi de la confiance de mes chefs, je ne quittai Constantine que pour suivre les colonnes expéditionnaires. Habillé à l'arabe et lié avec tous les Arabes de grande tente qui avaient peine de ne pas voir en moi un compatriote, je vivais comme eux et participais à tous leurs plaisirs. Recherché par tout le monde officiel, à cause de ma position auprès du général, et connu de tous pour mon dévouement à la cause française, j'étais également de toutes les fêtes et de toutes les parties organisées par les officiers. Pendant quatre ans, je menai l'existence la plus brillante et la plus aventureuse que peut mener un jeune homme. Aussi ne puis-je songer à ce temps-là sans qu'une foule de souvenirs charmants accourent à ma pensée[1]. »

Durant ces quatre années, la vie du lieutenant Abdelal se trouva intimement liée à celle des généraux auprès desquels il servait comme officier d'ordonnance. De plus, sachant parfaitement l'arabe, il remplissait souvent les fonctions d'interprète dans les questions relatives à l'Algérie et devenait ainsi le confident

1. Notes inédites du général Abdelal.

de ses chefs. Par cela même, il pouvait mieux que tout autre apprécier le caractère et la valeur de ceux qui le commandaient. Le portrait qu'il a fait de certains généraux montre son esprit d'observation et la justesse de son jugement.

« Le général de Négrier, dit-il, était un des plus beaux types du soldat que j'aie rencontrés pendant toute ma carrière militaire. D'une taille élevée, il avait une physionomie sévère mais sympathique, et un regard où perçait l'intelligence. Il inspirait à tous, au premier abord, une sorte de crainte respectueuse qui disparaissait bientôt, grâce à l'affabilité de ses manières, pour faire place à un sentiment profond d'admiration. A une instruction générale variée et à une grande expérience du soldat, il réunissait au plus haut degré toutes les vertus militaires : le courage, la volonté, l'énergie, la persévérance, la franchise et la loyauté.

» Il vivait au palais entouré de sa maison

militaire, constamment en tenue et l'épée au côté; il avait, en outre, auprès de lui cinquante *chaouchs* et vingt fils des plus grandes familles de Constantine. Il commandait et administrait seul, sans le secours d'aucune autorité civile, l'immense territoire déjà conquis. Il exigeait des Arabes la soumission la plus complète et l'obéissance la plus absolue; la moindre tentative de rébellion, le moindre crime ou délit était puni de mort; le coupable avait la tête tranchée sur la place du Marché par un des *chaouchs* de garde. La justice était expéditive, mais elle atteignait son but. Jamais, et encore maintenant, le territoire ne fut aussi tranquille et les routes plus sûres. Du reste, le général de Négrier était connu de tous, Européens et indigènes, pour son honnêteté et sa droiture. Aussi était-il aimé autant qu'il était craint. La justice était la même pour tous; grands et petits en profitaient ou en pâtissaient suivant les circonstances. Un fait, pris sur mille, le prouvera surabondamment.

» En 1842, le caïd Ben-Illès, de la tribu des Abd-el-Nour, fut l'objet d'une plainte générale formulée par ses administrés. Cheiks et délégués des djemmâas vinrent au palais demander justice et dénoncer les spoliations scandaleuses de leur caïd. Ils l'accusaient d'avoir prélevé sur leur tribu, outre l'impôt, une somme qui pouvait s'élever à près de quatre cent mille francs.

» Ben-Illès fut immédiatement arrêté et son affaire fut instruite sans retard. Pour donner plus de solennité au jugement, le général de Négrier forma un nombreux jury, composé des *cadis*, des *muftis*, des *ulémas*, des chefs des corporations de la ville, et en prit la présidence. Les séances eurent lieu au palais et durèrent sept jours. Ben-Illès fut reconnu coupable de spoliation et la sentence suivante fut rendue contre lui : « Il est accordé un délai de vingt jours au caïd Ben-Illès pour rembourser les sommes spoliées, sinon, le vingt et unième jour, il aura la tête tranchée. » La famille ne remboursa pas une obole. Le vingt et unième jour, la tête de Ben-Illès était tranchée sur la place publique, en ma présence, par un des chaouchs du général[1]. »

Dans cette affaire, ce fut le lieutenant Abdelal, dans lequel le général de Négrier avait la plus grande confiance, qui fut chargé de servir d'interprète, de faire connaître le jugement du conseil au condamné et d'assister à l'exécution.

Cet épisode montre avec quelle rigueur il fallait agir pour maîtriser les Arabes et affer_ mir notre domination. Mais, aujourd'hui, ne serait-il pas encore nécessaire d'avoir en Algérie un homme de la trempe du général de Négrier, pour calmer l'effervescence insurrectionnelle des indigènes? L'expérience a mal-

1. Notes inédites du général Abdelal. — On ne se fait pas l'idée de l'effet que produit sur les Arabes une décollation exécutée par la main d'un chrétien; ils se figurent qu'un musulman, décapité par les chrétiens, ne peut aller au ciel; aussi une tête coupée produit-elle une terreur plus grande que la mort de cinquante individus

heureusement démontré que, loin de ramener à nous les tribus insoumises, les moyens de conciliation les ont rendues plus hostiles et ont produit toujours les résultats les plus préjudiciables aux intérêts de notre colonie. Certains arabophiles, qui n'ont jamais vu l'Algérie, prétendent qu'il est inutile de recourir à des mesures de rigueur et qu'il faut remplacer l'action de la force par l'emploi des moyens de douceur et de persuasion.

Telle n'est pas l'opinion de ceux qui ont vécu longtemps en Afrique. Auprès d'un peuple aussi fanatique, aussi ignorant et surtout aussi ennemi des chrétiens que les Arabes, il faut ou abandonner le pays ou lui imposer par la force ; on doit employer les moyens sévères et les exécuter sans différer. « Restons forts et toujours forts ; car, le jour où les Arabes découvriraient que nous sommes faibles, ce jour-là, ils oublieraient notre clémence, notre justice, nos bons procédés et, ne se souvenant que de nos deux titres, *chrétiens et conqué-*

rants, ils nous jetteraient dans la mer qui nous a apportés [1]. »

Le général comte Baraguey d'Hilliers, surnommé par les Arabes *Bou-Drâa* (le père du bras), à cause de sa mutilation, succéda au général de Négrier [2] et prit Abdelal comme

---

1. Léon Roches, *Trente-deux ans à travers l'Islam.* Le système du maréchal Bugeaud peut se résumer ainsi : justice et clémence appuyées par la force.

2. Malgré son extrême sévérité, le général de Négrier savait se faire aimer de ses subordonnés; il fut unanimement regretté à son départ de l'Algérie. « Lorsque le général de Négrier a été rappelé en France, écrivait le comte de Montagnac, il a reçu de tous les corps de la division de Constantine des démonstrations bien franches d'estime et d'attachement. Partout où il a passé, on lui a offert des bouquets ou on lui a témoigné le regret de le voir s'éloigner. Au banquet que nous lui avons donné à Philippeville, j'ai été témoin d'une circonstance assez touchante et qui prouve le prestige que le général de Négrier exerçait sur les Arabes. Un chef indigène des environs, malade depuis longtemps, avait témoigné le désir d'assister à ce banquet, et on l'avait placé de manière qu'il pût voir le général. Ce malheureux-là souffrait beaucoup, et à chaque instant on voyait sa figure se décomposer. On lui fit comprendre qu'il n'était pas tenu de rester, et que, puisqu'il était malade, il pourrait se retirer : « Non, dit-il, avec des larmes plein les yeux, non, laissez-moi, je veux le regarder jusqu'à la fin. »

officier d'ordonnance. Les bons renseignements qu'il avait recueillis de différents côtés l'avaient décidé à faire ce choix. Il n'eut pas du resté à s'en repentir, comme nous le verrons dans la suite.

Peu de temps après l'arrivée du général Baraguey d'Hilliers à Constantine, un chérif, nommé Si-Zagrdoud [1], leva l'étendard de la révolte et souleva les populations des Zerdezas

Jamais attachement, dévouement, amour, n'ont été exprimés d'une manière plus touchante. Le pauvre vieux cœur du général ne put y résister; il remercia, par un geste plein de bienveillance, ce vieil Arabe, et je vis de grosses larmes humecter ses paupières. » (*Correspondance inédite du colonel de Montagnac*).

1. « *Si-Zagrdoud* était dans la province de Constantine ce qu'était Abd-el-Kader dans les provinces d'Oran et d'Alger. C'est lui qui, en 1842, avait attaqué le camp d'El-Arrouch. Il avait fait accroire à ses coreligionnaires qu'aussitôt qu'il se présenterait devant le camp, les Français seraient changés en statues de sel. En effet, il s'approcha avec une branche à la main jusqu'à trente pas du fossé de la redoute; on lui tua son cheval, les troupes sortirent et on culbuta tous ses gens qui furent étonnés de trouver les Français en *selle* et non en *sel* » (*Correspondance inédite du colonel de Montagnac*).

et de l'Eydoug, tribus chez lesquelles il commandait en maître. Le général organisa immédiatement trois colonnes mobiles qui devaient se mettre en mouvement à une date fixée. La première partait de Philippeville sous le commandement du colonel Barthélemy[1]; la deuxième partait de Bône sous les ordres du colonel de Carriès de Senilhès[2]; la troisième enfin, formée à Constantine, était commandée par le général Baraguey d'Hilliers.

Le mouvement commença le 15 mars 1843. Abdelal fit encore partie de cette expédition. L'objectif, commun aux trois colonnes, était le

1. *Barthélemy* (Pierre-François-Adrien), chef de bataillon en 1815, fut nommé lieutenant-colonel en 1830, colonel en 1835 et fut retraité en 1847. Il était commandeur de la Légion d'honneur et chevalier de Saint-Louis.

2. De *Carriès* de *Senilhès* (Jean-François), lieutenant d'état-major en 1819, capitaine en 1825, chef d'escadron en 1830, lieutenant-colonel en 1837, colonel en 1840, maréchal de camp en 1848, fut admis dans le cadre de réserve en 1860, à sa limite d'âge; il était commandeur de la Légion d'honneur et décoré de plusieurs autres ordres étrangers.

centre du pays des Zerdezas qu'on devait soumettre en premier lieu. Les trois colonnes se
dirigèrent sur ce point et les insurgés attaqués
de toute part demandèrent l'aman après quelques jours de résistance. Mais le chef de l'insurrection s'était enfui et retiré dans l'Eydoug.
Le général Baraguey d'Hilliers donna l'ordre
d'attaquer ce massif montagneux par le versant sud, de manière à refouler les insurgés
vers le nord et à les jeter dans la mer. La
tâche n'était pas facile : les pentes abruptes,
le manque de chemins, l'épaisseur des
taillis et la résistance opiniâtre des tribus
révoltées rendaient l'ascension de ces montagnes excessivement difficile et périlleuse. La
bravoure et l'énergie de nos soldats surmon-
tèrent tous les obstacles ; les révoltés, poursuivis l'épée dans les reins jusque sur les bords
de la Méditerranée, se rendirent à merci ;
mais ils déclarèrent qu'ils ignoraient ce qu'é-
tait devenu le prétendu chérif, Si-Zagrdoud.
Le lendemain du jour où ils avaient demandé

l'aman, un traître (et il y en a toujours en ces circonstances) indiqua le refuge du chef des insurgés. Si-Zagrdoud traqué, abandonné de ses coreligionnaires, s'était réfugié dans le fond d'un ravin, presque inaccessible, avec sa femme, ses deux enfants et son khodja (secrétaire).

Quatre compagnies de grenadiers, sous les ordres du commandant Montagnac [1], formèrent une espèce de cercle, fouillèrent le ravin et arrivèrent sur le chef de l'insurrection, qui se défendit jusqu'à la dernière extrémité. La tête et le poignet de Si-Zagrdoud furent envoyés à Constantine et exposés pendant sept jours sur le rempart de la brèche. Les Zerdezas et les habitants de l'Eydoug étaient soumis à tout jamais.

Pendant cette expédition, le lieutenant Abdelal se montra d'une activité surprenante :

1. *Montagnac* (Lucien-François de), sous-lieutenant en 1821, lieutenant en 1827, capitaine en 1836, chef de bataillon en 1841, lieutenant-colonel en 1845, tué à Sidi-Brahim.

on le voyait toujours alerte et infatigable, portant des ordres dans toutes les directions et traversant à cheval avec la plus grande hardiesse des passages réputés infranchissables.

Il accompagna aussi le général Baraguay-d'Hilliers dans l'expédition qui eut lieu aux environs de Guelma. On voulait châtier les Ouled-Daben qui avaient fait quelques tentatives de rébellion. Cette expédition ne dura que peu de jours, et, quand Abdelal fut de retour à Constantine, il dut se préparer à faire partie d'une autre colonne.

Vers le commencement du mois de juillet le général Baraguey d'Hilliers entreprit la soumission de la petite Kabylie[1], avec six mille hommes de troupe. L'expédition dura plus d'un mois et fut des plus pénibles, tant à

---

1. Le pâté montagneux, compris entre l'Isser et l'Oued-Sahel, est désigné par nous d'une manière purement conventionnelle sous le nom de *Grande Kabylie*, tandis que le massif compris entre l'Oued-Sahel et la Seybouse, est appelé *Petite Kabylie*.

cause de la nature du pays que de l'ennemi qu'on avait à combattre. Les Kabyles firent des prodiges pour défendre leur indépendance; ils se battirent nuit et jour avec acharnement. L'ennemi, qui avait réuni de nombreux contingents, perdit plus de trois mille hommes et nous mit hors de combat plus de six cents hommes. Malgré les difficultés sans nombre d'une pareille expédition, le général Baraguey d'Hilliers se faisait fort de pacifier entièrement toute la Kabylie, des portes de Philipeville à celles d'Alger, à la condition de remplacer, au fur et à mesure, les non-valeurs qui se produiraient, de manière à maintenir constamment à six mille hommes l'effectif de ses troupes.

Ces demandes fort justes, comme le faisait observer plus tard le général Abdelal, auraient eu les conséquences les plus heureuses pour notre nouvelle colonie : elles ne furent malheureusement pas écoutées. Aussi la pacification et la soumission des Kabyles n'eut elle lieu que bien longtemps après. Mais les exploits de la colonne Baraguey d'Hilliers eurent du moins pour résultat de donner une idée de la valeur de nos soldats à toute la population de ce massif montagneux.

Le général Baraguey d'Hilliers, venu à Constantine comme général de brigade, fut nommé généra. de division après l'expédition de Kabylie et rappelé en France. Ce départ pouvait être préjudiciable à l'avancement du lieutenant Abdelal; il trouva au contraire dans le nouveau commandant de la province un appui plus sûr encore et plus profitable.

En effet, le général de Négrier lui écrivait à la date du 14 octobre 1843 : « Mon cher Abdelal, vous savez sans doute que M. le duc d'Aumale est bien réellement le nouveau commandant de la province de Constantine. Il sera au milieu de vous dans le courant ou vers la fin de novembre. Avant son départ, le prince m'a appelé près de lui et nous avons longuement causé sur les hommes et sur les choses de la province. Je lui ai donné beaucoup de renseignements de toute nature; il m'a demandé des notes sur les officiers qui pouvaient être employés utilement. Je lui en ai donné sur vous, écrites et détaillées. Il sait maintenant ce que vous êtes et ce que vous pouvez faire. Je ne sais s'il vous emploiera près de lui, mais il sait que vous avez été mon officier d'ordonnance arabe, et qu'on peut vous employer avec confiance... »

Le duc d'Aumale n'oublia pas les bons renseignements qui lui avaient été donnés, sur Abdelal. Du reste, celui-ci avait régularisé sa position[1]. Nommé lieutenant de spahis au titre indigène, il avait revendiqué ses droits de na-

1. Voici la réponse du gouverneur général de l'Algérie au général Baraguey d'Hilliers, qui avait transmis la demande du lieutenant Abdelal :

« Alger, le 13 septembre 1843.

» Général,

» Aux termes de l'article 9 du code civil, tout individu né en France d'un étranger peut réclamer la qualité de Fran-

turalisation, dans le courant du mois de juillet 1843 et, le 13 septembre de la même année, il fut nommé lieutenant au titre français.

çais dans l'année qui suit l'époque de sa majorité, en déclarant que son intention est de fixer son domicile en France. Le sieur Louis-Alexandre-Désiré Abdelal, lieutenant au corps de cavalerie indigène (escadron de Constantine), né le 18 juillet 1815, à Marseille (Bouches-du-Rhône), fils d'un père étranger, le sieur Abdelal, réfugié égyptien, considéré comme général de brigade, ayant, dans l'année qui a suivi sa majorité, rempli les conditions exigées par l'article 9 précité du code civil, possède les qualités de Français sans être obligé de remplir d'autres formalités.

» Veuillez informer M. Abdelal de cette disposition.

» LE MARÉCHAL *gouverneur général,*

» Pour le maréchal gouverneur général et par son ordre,

» *Le colonel chef d'état-major général.*

» PÉLISSIER. »

V

Abdelal est nommé officier d'ordonnance du duc d'Aumale ;
portrait de ce prince ; expédition de Biskra ; poursuite
des insurgés dans l'Aurès ; marche contre les Ouled-Soultan ; dispositif de marche ; combat meurtrier livré aux
insurgés (24 avril) ; retour de la colonne à N'gaous ;
combat du 1er mai ; prise d'El-Hadj-Ahmed-Bey. — Abdelal, blessé, est chargé, pendant sa convalescence, d'ad-
ministrer le district de Batna. — Départ du duc d'Aumale.

Le duc d'Aumale fut nommé, en 1843, au
commandement de la province de Constantine.
Comme son prédécesseur, le général Baraguey d'Hilliers, il prit pour officier d'ordonnance le lieutenant Abdelal, qui lui était

naturellement indiqué par sa connaissance de la langue arabe et par les nombreux services qu'il avait rendus au général de Négrier.

Le prince était alors âgé de vingt-deux ans. « Il avait, rapporte Abdelal, une physionomie ouverte et intelligente, un regard froid et énergique, et portait sur toute sa personne l'empreinte de sa royale origine. Soldat par tempérament et par goût, beau cavalier, brave comme son épée, il était digne de succéder aux vieux généraux qui s'étaient illustrés sur la terre d'Afrique. Il connaissait à fond leur histoire, et, instruit par leur exemple, il ne désirait rien de plus que de faire sinon davantage au moins autant qu'eux [1]. »

Lorsque le duc d'Aumale arriva à Constantine, les populations de la petite Kabylie et du Tell étaient tranquilles; mais les tribus du sud ne reconnaissaient pas encore notre autorité. Hadj-Ahmed, ancien bey de Con-

1. Notes inédites du général Abdelal.

stantine, qui s'était retiré dans l'Aurès, entretenait chez ses coreligionnaires l'horreur du nom chrétien, les excitait à la résistance et soutenait contre nos troupes une lutte des plus opiniâtres.

Le duc d'Aumale résolut de soumettre ces tribus guerrières. La tâche était difficile; le prince ne la crut pas cependant au-dessus de ses forces et se mit résolument à l'œuvre. Une colonne [1] fut immédiatement formée dans le but de soumettre l'Aurès [2], le Hodna [3] et les Zibans [4]. Voici, du reste, le récit de cette expédition fait par le général Abdelal :

1. Les régiments qui prirent part à l'expédition des Zibans et de l'Aurès sont : le 2e et le 32e de ligne, le 1er régiment de la légion étrangère, le 3e régiment de chasseurs d'Afrique et les spahis.

2. L'*Aurès*, massif montagneux au sud de Constantine, entre Batna et Khenchela, forme d'un côté la limite des Sbahr (lacs salés) et de l'autre la limite du Sahara. — Voir pour plus amples détails notre livre sur les *Insurrections dans la province de Constantine.*

3. Le *Hodna*, à l'ouest de l'Aurès, est la grande plaine formée par le lac salé de *M'sila.*

4. Les *Zibans*, pays étendu, au sud de l'Aurès et du

« Au mois de mars 1844, tout était prêt et le prince allait partir pour expéditionner dans le sud, quand il apprit l'arrivée à Philippeville de son frère, Son Altesse Royale, le duc de Montpensier, qui venait de débarquer à l'improviste, accompagné du lieutenant-colonel Thiéry[1], son aide de camp, et du capitaine Fiéreck[2], son officier d'ordonnance.

» Désireux de voir son frère prendre part à l'expédition, le duc d'Aumale mit en route le gros de ses troupes, garda à Constantine sa cavalerie et alla au-devant du duc de Mont-

Hodna, renfermant de nombreuses oasis assez rapprochées les unes des autres et dont chacune s'appelle *Zab*, pluriel *Ziban*.

1. *Thiéry* (Alfred), capitaine d'artillerie (1818), chef d'escadron (1839), lieutenant-colonel (1842), maréchal de camp (1847), fut successivement officier d'ordonnance de Louis-Philippe et aide de camp du duc de Montpensier. Il mourut en 1853.

2. *Fiereck*, né à Turin en 1805, lieutenant d'artillerie en 1829, capitaine en 1834, chef d'escadron en 1846, lieutenant-colonel en 1851, colonel en 1854, général de brigade en 1858, général de division en 1866, mourut en 1879. Il était grand officier de la Légion d'honneur.

pensier jusqu'à Smendou[1]. Sur l'ordre de mon général, je gagnai les devants et rejoignis à El-Arrouch[2] Son Altesse Royale, dont je devais hâter la marche le plus possible.

» Le lendemain, les deux fils du roi étaient réunis et faisaient leur entrée le soir même à Constantine. Tous deux prirent immédiatement le chemin de Batna[3] avec la cavalerie de la colonne.

» Trois jours après, toutes les troupes étaient réunies dans ce poste, insignifiant à cette époque, et, après quarante-huit heures de séjour, nous nous mettions en route pour

1. *Condé Smendou*, à 27 kilomètres au nord de Constantine, est aujourd'hui un village assez florissant.

2. *El-Arrouch*, à 56 kilomètres au nord de Constantine, est actuellement le centre de population le plus considérable entre Philippeville et Constantine.

3. *Batna (le bivouac*, en arabe), à 119 kilomètres au sud de Constantine, est à 1021 mètres au-dessus du niveau de la mer. Sa fondation remonte au 12 février 1844. Ce fut le camp établi par le lieutenant-colonel Buttafoco qui devint le berceau de cette ville, aujourd'hui une des plus importantes de la province de Constantine.

Biskra, que l'on disait occupé par un Khalifa d'Abd-el-Kader, avec ses réguliers.

» Il ne restait à Batna qu'une ambulance, deux bataillons d'infanterie et un fort peloton de spahis, établis dans une sorte de camp retranché sous le commandement du lieutenant-colonel Buttafoco [1]. Cet officier supérieur avait pour mission de concentrer tous les approvisionnements en vivres et munitions venant de Constantine et d'assurer les derrières de la colonne expéditionnaire.

» Deux jours après son départ, le prince vit venir à sa rencontre le cheik El-Arab-Bou Aziz-ben-Ganah, appelé vulgairement par les soldats le *grand serpent*, surnom sous lequel il resta connu. *Douaouda* [2], c'est-à-dire d'ori-

---

1. *Buttafoco* (Louis-Antoine-Simédiéi, comte de), capitaine en 1813, chef de bataillon en 1833, lieutenant-colonel en 1841, colonel le 14 avril 1844, fut retraité avec ce grade le 26 avril 1849. Il était commandeur de la Légion d'honneur.

2. Il existe chez les Arabes trois sortes de noblesse : la noblesse d'origine, la noblesse religieuse, la noblesse mi-

gine noble, et chef de la famille la plus influente du pays, Ben-Ganah venait avec tous les siens faire sa soumission. Reçu cordialement par le prince, qui le combla de présents, il conduisit la colonne jusqu'à Biskra. L'oasis venait d'être évacuée par les réguliers; la colonne y entra sans tirer un coup de fusil.

» Le duc d'Aumale séjourna quatre jours à Biskra [1] et y laissa un noyau de tirailleurs

litaire. — 1° Le noble d'origine (*Chérif*) est celui qui peut prouver sa descendance de Fathma-Zohra, fille du Prophète, et de Sidi-Ali-Abi-Taleb, oncle de ce dernier. — 2° Les membres de la noblesse religieuse sont les *Marabouts,* qui, aux yeux des Arabes, conservent intacte la foi musulmane ; ce sont les hommes que les prières ont le plus rapprochés de la divinité. — 3° Les membres de la noblesse militaire portent le nom de *Djouad ;* ce sont les descendants de familles anciennes et illustres, ou bien encore les rejetons d'une tribu célèbre, les *Koraïche,* dont Mahomed et sa famille faisaient partie. Dans ce dernier cas, ils représentaient une noblesse supérieure aux Djouad ordinaires et se désignent sous le nom de *Douaouda.* — Ces trois noblesses sont héréditaires.

1. *Biskra,* l'*Ad-Piscinum* ou l'*Ousker des Romains,* est la capitale des Zibans, elle est située au milieu d'une magnifique oasis, à 233 kilomètres au sud de Constantine ; son altitude est de 111 mètres. C'est le **4** mars que Biskra fut

algériens avec un cadre français et indigène qui avait pour mission de recruter des soldats dans le pays et de constituer un détachement d'environ trois cents hommes destinés à tenir garnison dans la place. Le commandant Thomas, officier d'un véritable mérite, mort général pendant la campagne contre les Beni-Snassen (1859), avait été chargé d'organiser ce bataillon indigène sur le modèle de celui créé en 1838 par le commandant Molière à Constantine.

» Le prince continue ensuite sa marche vers le sud et se rend à Sidi-Ogba [1], dont il reçoit la soumission. Mais, en arrivant dans cette oasis, il apprend que le khalifa d'Abd-el-Kader s'était dirigé sur l'oasis de M'chounéches [2]; il marche

occupée par le duc d'Aumale, qui y laissa une compagnie de soldats indigènes commandée par trois officiers français indigènes, cinq sous-officiers français et trois sous-officiers indigènes.

1. *Sidi-Ogba*, à 20 kilomètres de Biskra, est la capitale religieuse des Zibans, comme Biskra en est la capitale politique.

2. *M'chounéches*, petite oasis située à l'est de Biskra, entre Sidi Ogba et Zéribet-el-Oued.

à sa poursuite dès le lendemain, et arrive à midi devant le village. Les réguliers y étaient assemblés et firent mine d'abord de vouloir résister ; mais, après quelques coups de fusil, ils évacuèrent l'oasis et battirent en retraite dans la direction du versant sud de l'Aurès [1]. Le pays où ils se retiraient était montagneux, boisé, fortement raviné et impraticable à la cavalerie ; il était même d'un accès difficile pour l'infanterie. La poursuite y était donc pénible et dangereuse, surtout avec des hommes qui marchaient depuis le matin ; elle était pourtant nécessaire pour compléter le succès de la journée. Le prince lance en avant un bataillon de la Légion étrangère, une batterie de

---

1. L'*Aurès* n'a été bien connu qu'après l'expédition de 1879. Les habitants de l'Aurès, appelés *Chaouias*, sont de race berbère. On a signalé chez eux la coutume de célébrer certaines fêtes dont les dates présentent la plus grande analogie avec les fêtes romaines, israélites ou chrétiennes, telles que Noël, le jour de l'an, les Rogations, les fêtes de l'automne. Voir pour plus amples détails notre ouvrage intitulé : *Insurrections dans la province de Constantine de 1870 à 1879.*

montagne, et se place à la tête de cette petite troupe avec son frère, le duc de Montpensier. A notre approche les réguliers d'Abd-el-Kader escaladent les crêtes et, abrités par des retranchements naturels, ils s'arrêtent pour faire face aux assaillants. En ce moment, notre batterie arrivée à mi-côte ne peut continuer sa marche; elle prend position sur un mamelon et ouvre le feu.

» Deux compagnies, commandées par le capitaine Espinasse[1], reçoivent l'ordre de se déployer aussitôt en avant du bataillon et de marcher à l'assaut des positions ennemies. Exposées à un feu plongeant très violent et bien dirigé, elles avancent bravement, il est vrai, mais très péniblement. Leur capitaine tombe frappé de deux coups de feu; en même

---

1. *Espinasse* (Esprit-Charles-Marie), né en 1815, sous-lieutenant en 1835, lieutenant en 1838, capitaine en 1841, chef de bataillon en 1845, lieutenant-colonel en 1849, colonel en 1851, général de brigade en 1851, général de division en 1855, ministre de l'intérieur et de la sûreté générale en 1858, sénateur, fut tué à Magenta, le 4 juin 1859.

temps, le duc de Montpensier, resté avec la batterie, en qualité de capitaine d'artillerie, est frappé à la tête d'une balle qui ne lui fait heureusement qu'une blessure légère. Bientôt es compagnies harassées de fatigue n'avancent plus. Les réguliers croient qu'elles hésitent et tentent un retour offensif. Le moment était critique. Mais les deux princes avaient vu le danger; tous deux, suivis de leur état-major, entraînant à leur suite les soutiens, se lancent en avant et se jettent tête baissée dans les retranchements ennemis qui sont enlevés sans coup férir. La bravoure des assaillants frappe l'ennemi de terreur et le force à se jeter à travers les précipices. A six heures du soir, les Arabes fuyaient en désordre dans toutes les directions [1]. »

On se presse autour des princes et on se rend compte seulement alors de la hardiesse de cette attaque où le général a combattu

1. Notes inédites du général Abdelal.

comme un simple soldat. « Vous le voyez, dit le duc d'Aumale à ceux qui l'entouraient, voilà comme il faut aborder l'ennemi. Une marche hardie et ferme, sans coups de fusil, les épouvante bien plus qu'une fusillade à laquelle ils ripostent quelquefois avec avantage et qui nous fait perdre des hommes et du temps[1]. »

La petite troupe resta établie sur la position conquise jusqu'au milieu de la nuit. Quand le prince fut convaincu qu'il n'avait plus à craindre de nouvelles attaques, il retourna à l'oasis de M'chounéches avec son escorte, le bataillon d'infanterie et la batterie.

Cette journée avait été des plus pénibles pour nos hommes. Il avait fallu l'entrain, l'énergie des officiers et surtout le prestige que le jeune duc d'Aumale avait sur ses troupes et l'ardeur qu'il savait leur communiquer, pour leur faire supporter bravement des fatigues aussi grandes. Tant il est vrai que l'as-

1. *Le duc d'Aumale et l'Algérie*, par R. de Grieu.

cendant d'un homme peut faire faire des prodiges à ceux qui l'entourent.

Dans ce combat, comme dans les précédents,
le lieutenant Abdelal avait fait preuve d'un
sang-froid remarquable et d'une bravoure à
toute épreuve. Le danger, pour ainsi dire,
l'attirait, et, d'après un de ses anciens compagnons d'armes, « il était beau à voir dans la
mêlée, frappant d'estoc et de taille[1] ».

« Après un séjour de vingt-quatre heures
à M'chounéches, ajoute le général Abdelal
halte bien nécessaire pour donner du repos
aux troupes, panser les blessés et enterrer les
morts, le duc d'Aumale se dirige sur Biskra.
Il apprend en route que le camp retranché de
Batna a été attaqué avec une furie infernale
par plus de dix mille Arabes et qu'il n'a
résisté que grâce à l'énergie du lieutenant-
colonel Buttafoco et à la bravoure de la petite
troupe qu'il commandait. Cette grave nou-

1. Lettre du général Yusuf.

velle décide le prince à se diriger immédiatement et à marches forcées sur Batna. Il fait la
route en cinq jours et trouve les retranchements intacts. Les abords du camp étaient
couverts de cadavres ennemis; l'attaque avait
été furieuse et la défense admirable.

» C'est un des plus beaux faits d'armes dont
s'honore l'armée d'Afrique.

» Après un repos de quelques jours à Batna,
le duc de Montpensier prend congé de son
frère et part pour aller s'embarquer à Philippeville et retourner en France. Avant de
nous quitter, il nous témoigne ses regrets
de se séparer de nous et nous assure qu'il n'oubliera jamais les officiers de la colonne expéditionnaire de Biskra.

» Le duc d'Aumale dirige sur Constantine
ses blessés et ses malades; puis il fait réappro-
visionner largement sa colonne et se dispose à
aller châtier les tribus qui avaient attaqué le
camp de Batna, c'est-à-dire les Ouled-Soultan,
les Ouled-Bou-Aoun, les Ouled-Chellih et les

Ouled-Sallam. La colonne expéditionnaire se composait de six bataillons d'infanterie, du 3ᵉ régiment de chasseurs d'Afrique en entier, de trois escadrons de spahis et de deux batteries de montagne. Elle marcha sur N'gaous [1] et s'établit le 15 avril au pied des montagnes des Ouled-Soultan.

» Pendant huit jours, l'ennemi ne se montra pas; mais tout à coup il arriva de toutes les tribus environnantes des contingents nombreux. Il était facile de se convaincre, à première vue, que tous étaient décidés à combattre et ne voulaient à aucun prix faire leur soumission. On fut donc dans la nécessité d'enlever de vive force le massif montagneux qu'ils occupaient.

» Le 23 avril, le duc d'Aumale annonce que

1. *N'gaous*, bourgade située à 70 kilomètres de Batna, avait donné l'hospitalité à Hadj-Ahmed-Bey, qui y avait enterré sa mère, El-Hadja-Rekia; ce village, avec ses grands arbres et ses belles fontaines, serait fort agréable s'il était plus propre.

le mouvement en avant commencera le lendemain. La colonne se met en marche à cinq heures du matin, elle laisse à N'gaous tous les vivres et les impédimenta sous la garde de deux bataillons. Le lieutenant-colonel de Buttafoco reçoit encore le commandement de ce camp, appelé *Biscuit-ville* comme tous les autres de cette nature [1].

» L'ordre de marche adopté était le suivant : en avant, un bataillon avec deux compagnies formant extrême avant-garde ; sur chaque flanc un bataillon, et comme arrière-garde un bataillon.

1. Ce camp fut appelé *Biscuit-Ville*, parce que la principale denrée que l'on gardait était le *biscuit*. Dans les camps d'Afrique, il y a presque toujours une partie qui est désignée sous le nom générique de *Coquin-Ville*, c'est l'emplacement occupé par les tentes des marchands qui suivent les colonnes ; ces *mercantis* sont généralement *juifs* et font payer chèrement les petites fantaisies qu'on peut avoir ; ils vendent des boissons frelatées et des objets en piteux état dont ils demandent un prix exorbitant (près de dix fois leur valeur réelle). Ces juifs errants rendent parfois de grands services et parviennent toujours à se procurer les objets de première nécessité.

» Ces quatre bataillons formaient ainsi un carré au centre duquel marchaient l'ambulance et le convoi; la cavalerie était massée sur le flanc gauche entre l'infanterie et le convoi : les deux batteries d'artillerie étaient placées; l'une derrière le bataillon d'avant-garde, l'autre au milieu du bataillon d'arrière-garde. Du reste la figure suivante mettra sous les yeux le dispositif adopté [1].

» Le prince marchait avec son état-major derrière le bataillon d'avant-garde. Les compagnies de tête étaient précédées de huit guides indigènes.

» La nuit avait été pluvieuse, le ciel restait couvert et les montagnes étaient enveloppées d'un brouillard intense; les difficultés du chemin avaient considérablement augmenté. La colonne n'avançait que lentement, mais sans voir l'ennemi. A sept heures, elle avait franchi les premiers contre-

1. Ce dispositif de marche en carré a été adopté pour toutes les colonnes expéditionnaires d'Afrique.

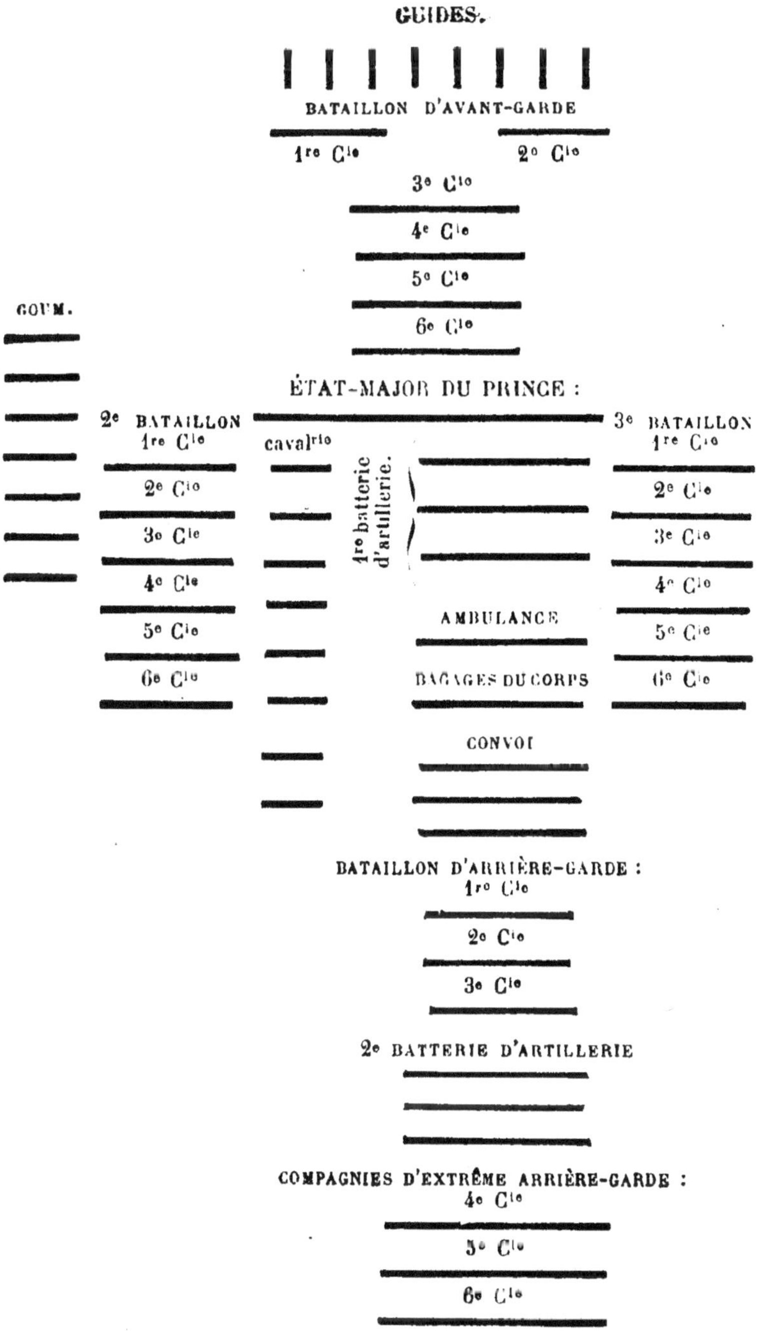

GUIDES.

BATAILLON D'AVANT-GARDE

1re Cie   2e Cie

3e Cie

4e Cie

5e Cie

6e Cie

ÉTAT-MAJOR DU PRINCE :

GOUM.

2e BATAILLON   caval^{rie}   1re batterie d'artillerie.   3e BATAILLON

1re Cie   1re Cie

2e Cie   2e Cie

3e Cie   3e Cie

4e Cie   4e Cie

AMBULANCE

5e Cie   5e Cie

6e Cie   BAGAGES DU CORPS   6e Cie

CONVOI

BATAILLON D'ARRIÈRE-GARDE :

1re Cie

2e Cie

3e Cie

2e BATTERIE D'ARTILLERIE

COMPAGNIES D'EXTRÊME ARRIÈRE-GARDE :

4e Cie

5e Cie

6e Cie

forts et commençait l'ascension des montagnes. Le brouillard, au lieu de se dissiper
comme on l'avait espéré, devenait de plus en
plus épais; les différentes fractions de la
colonne ne s'apercevaient pas. Tout à coup,
l'avant-garde est vigoureusement attaquée
par des hommes à pied qui semblent sortir du
brouillard à vingt-cinq mètres d'elle; mais
elle repousse bravement ce choc, et, encou-
ragée par ce semblant de succès, elle hâte sa
marche.

» L'ennemi ne tentait évidemment cette
attaque que pour attirer plus vite la colonne
entière dans ce brouillard, qui augmentait à
mesure que l'on montait. Nous tombons dans
le piège et, une demi-heure après la première
attaque, au moment où toutes les troupes
étaient dans une demi-obscurité, les compagnies d'avant-garde sont assaillies par une
masse furieuse qui se rue sur elles. Ces compagnies ne peuvent résister à ce choc terrible
et inattendu; elles lâchent pied, abandonnées

déjà par leurs guides qui s'étaient enfuis aux premiers coups de fusil.

» En ce moment, le duc d'Aumale, tenu en éveil par la fusillade qui augmentait toujours d'intensité, veut se rendre compte de la situation de son avant-garde. Suivi de son état-major et du 3ᵉ chasseurs d'Afrique, il arrive en tête des quatre compagnies de soutien et se trouve immédiatement environné de fuyards et à vingt pas de l'ennemi qui sortait du brouillard et marchait droit sur lui. J'étais à ses côtés; à la vue du danger, je tire mon sabre instinctivement, j'enfonce mes éperons dans le ventre de mon cheval et me jette tête baissée dans la mêlée. Mon mouvement, comme s'il avait été convenu d'avance, est suivi aussitôt par le prince, par son état-major, par son escorte et par la tête de la colonne du 3ᵉ chasseurs d'Afrique. Ce fut durant quelques instants une mêlée abominable; mais l'ennemi lâcha prise. Pendant cet épisode qui avait duré quelques secondes, la colonne avait continué son mouvement et les compagnies de soutien nous avaient rejoints. Deux d'entre elles furent désignées sur-le-champ, pour remplacer à l'extrême avant-garde celles qui venaient d'être culbutées et, pour leur permettre de se porter en avant, le prince, avec les cavaliers qui l'entouraient, poussa une nouvelle charge qui déblaya le terrain et pendant laquelle son cheval reçut deux blessures légères.

» En même temps, la batterie de tête arrivait, prenait position et ouvrait un feu à mitraille. Nous eûmes alors quelques instants de répit qui nous permirent de nous rendre compte de ce qui s'était passé sur les flancs et à l'arrière-garde de la colonne.

» Au moment où l'avant-garde était culbutée, le flanc gauche de la colonne était aussi dans une position critique : les goums, trompés par le brouillard, avaient continué leur mouvement ascensionnel et s'étaient trouvés fortement en l'air. L'ennemi ne laissa pas échapper l'occasion qui lui était offerte ; ne redoutant point le feu de l'infanterie trop occupée d'elle-même, il se jeta résolument sur nos goums isolés. Le terrain était à cet endroit particulièrement mauvais pour la cavalerie ; les goums, perdus dans le brouillard et surpris par cette attaque, se replièrent immédiatement, se rabattirent sur le gros de la colonne, traversèrent pêle-mêle les dernières compagnies du bataillon de gauche et, suivis par l'ennemi, se jetèrent sur le convoi. Il y eut là un désordre indescriptible ; les muletiers, presque tous indigènes réquisitionnés, s'enfuirent et les assaillants, maîtres du convoi, éventrèrent les caisses, les *télis* [1] et se mirent à piller les vivres et les munitions.

» Plusieurs cavaliers du goum, profitant du désarroi, se joignirent aux pillards ; les autres,

---

1. *Télis,* grands sacs en poil de chameau dont les Arabes se servent pour transporter leurs denrées.

affolés, avaient culbuté le bataillon de gauche dont ils paralysaient les mouvements. Ainsi, tandis que le duc d'Aumale était dans une position critique à l'avant-garde, son flanc gauche était débordé et son arrière-garde était séparée du reste de la colonne ; à droite, le bataillon des flanqueurs résistait vigoureusement et ne se laissait pas entamer.

» Dès que l'ordre fut rétabli à l'avant-garde, le prince, soucieux de savoir ce qui se passait sur son flanc gauche et sur ses derrières où une fusillade très nourrie continuait toujours, envoya de ce côté un officier d'état-major et un de ses officiers d'ordonnance, le capitaine Duron du 3ᵉ chasseurs d'Afrique. Le premier ne put traverser la ligne de feu qui nous entourait ; le second, frappé d'une balle en pleine poitrine, alla tomber sur la tête de colonne de l'arrière-garde. Le duc d'Aumale chargea alors le commandant Gallias du 3ᵉ chasseurs d'Afrique de traverser, coûte que coûte, la ligne ennemie et d'aller, avec deux escadrons de son régiment, se mettre en communication avec l'arrière-garde. Ce brave officier supérieur, en cherchant un sentier, tomba au milieu de l'ennemi et fut tué ainsi que les six premiers cavaliers qui le suivaient; mais ses escadrons passèrent et purent accomplir leur mission. Le bataillon d'arrière-garde, entré en ligne tout entier et soutenu par la batterie de queue, avait du reste dégagé le convoi et tenait les assaillants à distance.

» Il était alors trois heures de l'après-midi; l'ennemi harassé de fatigue et repoussé de tous côtés battit en retraite. Ses pertes avaient été considérables; mais nous avions aussi un grand nombre de tués et de blessés et nous étions tous trop épuisés pour songer à la poursuite; nos chevaux ne pouvaient presque plus galoper.

» Le duc d'Aumale, cédant aux conseils de son entourage, jugea prudent de redescendre à N'gaous pour faire reposer ses troupes pendant quelques jours et pour tenter plus tard une nouvelle attaque.

» La descente se fit avec lenteur et en très bon ordre; quelques coups de fusil tirés de distance en distance montraient seuls qu'on était en pays ennemi.

» Dès que le mouvement de retraite commença, je fus dépêché par le prince avec quelques cavaliers de choix pour annoncer au lieutenant-colonel de Buttafoco le retour de la colonne. Je le trouvai fort inquiet et sous l'impression des nouvelles désespérantes qui lui avaient été apportées par les fuyards du goum ; ceux-ci lui avaient assuré que la colonne était anéantie et que le prince était prisonnier.

» A sept heures du soir, toutes les troupes étaient rentrées à N'gaous et y campaient.

» Le duc d'Aumale avait décidé qu'on recommencerait l'attaque des Ouled-Soultan, le 1ᵉʳ mai.

» En effet, au jour fixé, à cinq heures du

matin, la colonne composée comme le 24 avril, mais augmentée d'un bataillon d'infanterie, se met en route, par un temps splendide, dans le même ordre de marche que la première fois. Tout se passe comme précédemment jusqu'à huit heures du matin. Mais, à la première attaque, le prince arrête sa tête de colonne, fait serrer son arrière-garde, puis lance en avant deux bataillons d'infanterie sans sacs, deux escadrons de chasseurs d'Afrique et trois escadrons de spahis.

» L'ennemi rendu confiant par son succès du 24 avril et trompé par le temps d'arrêt de la colonne, temps d'arrêt qu'il prend pour de l'hésitation, s'avance très résolument sur nous, sans ordre et sans prendre aucune précaution. Aussi est-il surpris de voir tout à coup une énorme masse de cavalerie et d'infanterie marcher à sa rencontre et le cribler de projectiles. Il tente à peine de résister et s'enfuit la baïonnette dans les reins. A peine avait-il fait demi-tour que les escadrons de chasseurs d'Afrique et de spahis tombaient sur ses derrières, tandis qu'il était vigoureusement attaqué sur son flanc gauche par les goums, trop heureux de réparer leur échec du 24 avril. La poursuite dura jusqu'à cinq heures du soir aux sons éclatants des musiques des 22ᵉ et 31ᵉ de ligne.

» La colonne s'établit sur un immense plateau presque inaccessible, situé au-dessus du lieu dit *El-Bir* (le puits), où tout le monde put trouver de l'eau. La source était gardée par un fort détachement et le camp protégé par un épais rideau de grand'gardes.

» Le lendemain, la poursuite continue; l'ennemi ne résiste plus, et s'enfuit en nous tirant des coups de fusil hors de la portée de ses armes. Le 3 mai, il était acculé dans le fond d'un immense ravin dont nous occupions les berges et l'entrée; il avait emmené ses femmes, ses enfants et ses troupeaux. Un bataillon de tirailleurs algériens se jette à sa suite et l'attaque de front, pendant que le reste des

troupes, sous la direction du prince, le fusille
du haut des crêtes. C'était une véritable
tuerie ! Enfin les Arabes demandent grâce
et le duc d'Aumale me dépêche aussitôt auprès
du commandant des turcos[1] pour faire cesser
le feu. Je saute en selle et descends au
galop les pentes abruptes de la montagne. Je
n'avais pas fait deux cents mètres à une allure
insensée que mon cheval *fait panache* et roule
avec moi plus de trente mètres. On me croit
mort ; mais, protégé par un immense turban
que j'avais autour de la tête (je portais alors
le costume indigène), je n'eus que la clavicule
gauche cassée. Un autre officier porta l'ordre
à ma place et le feu cessa sur toute la ligne.
L'ennemi se rendit à discrétion. Hadj-El-
Ahmed-Bey[2], l'ancien bey de Constantine qui

1. *Turcos,* nom vulgaire sous lequel on désigne les *tirailleurs algériens.*

2. Les Arabes étaient tout dévoués à Ahmed-Bey ; c'est à
cause de ce dévouement et dans la crainte d'être assassiné
par les Turcs que, pendant les deux sièges de Constantine,
Ahmed avait abandonné la défense de la ville à un de ses

se trouvait au milieu des Ouled-Soultan, ne dut son salut qu'à son excellente monture et au dévouement de quelques cavaliers. Toute sa smala resta entre nos mains.

» Le lendemain, le duc d'Aumale se préparait à reprendre à petites journées la route de Batna, quand il apprit qu'une compagnie du bataillon indignène, laissée par le commandant Thomas à Biskra, avait été trahie, surprise pendant la nuit et massacrée à l'exception du sergent-major Pelisse, qui était parvenu à se sauver[1]. A cette nouvelle, le prince revient en

lieutenants, pour prendre le commandement des cavaliers arabes. On raconte à Constantine que, dès sa naissance, le parti turc, dans la prévision des dangers qui pourraient résulter de son avénement au beylicat, avait osé demander au dey d'Alger de l'immoler; mais sa mère, qui l'aimait passionnément, ayant été avertie de cette infâme conspiration contre un être encore si inoffensif, l'enveloppa dans une peau de panthère, chargea ce pieux fardeau sur ses épaules, sortit un soir de Constantine par la porte d'El-Kantara et parvint ainsi à soustraire le jeune Ahmed à la haine de ses ennemis.

1. Le commandant Thomas avait admis, dans son nouveau bataillon, plusieurs déserteurs des réguliers d'Abd-el-

toute hâte à Batna, fait évacuer sur Constantine les malades et les blessés, laisse un fort détachement dans ce camp et me confie l'administration du pays environnant, sous les ordres du commandant supérieur des troupes ; puis il se dirige à marches forcées sur Biskra. Son cœur était dévoré d'inquiétude pendant sa marche. Mais quelle ne fut pas sa surprise, en arrivant devant Biskra, lorsqu'il en vit sortir

Kader. Lorsqu'il eut organisé sa troupe et qu'il jugea notre établissement assez fort pour résister à toute agression de l'ennemi, le commandant, pour se montrer aux tribus voisines, s'éloigna de Biskra, en y laissant une compagnie. Cette troupe, sous les ordres du lieutenant Petit-Grand, ne comptait que huit Français ; le reste était indigène. Les Arabes déserteurs d'Abd-el-Kader, qu'on avait admis au nouveau bataillon, s'abouchèrent avec ceux du dehors et tramèrent avec eux un complot à la suite duquel cent cinquante de ces derniers furent introduits dans la place. Pendant la nuit du 11 au 12 mai, nos huit compatriotes furent assaillis durant leur sommeil, trois furent tués avec le lieutenant et les trois autres furent faits prisonniers. Un seul, le sergent-major, parvint à se sauver ; il put gagner Tolga, où le caïd, qui nous était resté fidèle, l'accueillit avec empressement, pendant que Mohamed-ben-Hadj, le chef des insurgés, entrait en triomphateur à Biskra.

le sergent-major Pelisse avec le caïd de Tolga
et qu'il apprit de leur bouche ce qui s'était
passé depuis la prise de la Casbah. Mohamed-
ben-Hadj, pressentant que le prince ne man-
querait pas d'accourir, et ne voulant pas se
laisser enfermer dans la place, avait pris ses
dispositions pour cette éventualité; de sorte
qu'à la nouvelle de la marche de notre colonne,
il avait abandonné sa facile conquête, après
avoir emporté les approvisionnements trouvés
dans la Casbah.

» Le duc d'Aumale entra dans l'oasis, fit rechercher et châtier les coupables ainsi que
ceux qui avaient été favorables aux insurgés et
installa des commandements indigènes. Lorsque le calme fut rétabli, le prince reprit la
route de Batna, en laissant toutefois une garnison considérable à Biskra. Depuis cette
époque, le drapeau français n'a jamais cessé
de flotter sur la Casbah de cette ville.

» Après un court séjour à Batna, la colonne
rentra à Constantine. L'expédition avait duré

deux mois et avait eu pour résultat la soumission complète de l'Aurès, du Hodna et des Zibans.

» A la suite de cette expédition, pour me récompenser des services que j'avais pu lui rendre, le duc d'Aumale obtint du roi mon passage, avec mon grade, du cadre indigène dans le cadre français, et me fit présent d'un magnifique sabre d'honneur comme marque d'estime et de sympathie [1]. »

Ce récit détaillé et instructif de l'expédition du duc d'Aumale dans le sud de la province de Constantine montre que le lieutenant Abdelal avait un grand esprit d'observation et qu'il s'était attiré l'estime de ses chefs par son entrain et son dévouement à toute épreuve. D'ailleurs, d'anciens militaires ayant pris part à cette expédition ont affirmé qu'Abdelal avait montré un zèle et une vigueur infatigables. Ainsi lorsqu'il eut la clavicule cassée, il voulut,

1. Notes inédites du général Abdelal.

paraît-il, continuer quand même à faire son service d'officier d'ordonnance. Ce ne fut que sur l'ordre du duc d'Aumale qu'il abandonna la colonne pour être chargé de la mission de confiance qui lui était offerte à Batna. Il sut encore se rendre utile dans ses fonctions d'administrateur; sa parfaite connaissance des Arabes lui permit d'aplanir bien des obstacles et de résoudre bien des difficultés contraires à notre domination.

Ces expéditions aussi rapides qu'heureuses produisirent une salutaire impression dans le reste de la province. Les tribus qui, sous le commandement du général Baraguey d'Hilliers, avaient opposé la plus vive résistance, renoncèrent à agiter le pays.

Peu de temps après, le duc d'Aumale rentra en France, et le lieutenant Abdèlal obtint un congé de convalescence de trois mois, avant de rejoindre son nouvel escadron qui tenait garnison à Oran.

Pendant son commandement, le duc d'Au-

male s'était attaché à mettre à exécution les
projets du général de Négrier ; des rues furent
percées dans Constantine pour faciliter les
communications ; la Casbah fut restaurée et
appropriée aux besoins de la troupe et un
cercle pour les officiers fut construit. Il fit
aussi poursuivre avec activité le tracé des
routes dans la province ; la détermination et
la perception des impôts furent surtout l'objet
de son attention. Enfin, l'ordre et la régularité qu'il introduisit dans tous les services,
l'impulsion qu'il donna aux travaux d'utilité
publique, sa sollicitude constante pour les indigènes furent vivement appréciés non seulement de ceux qui habitaient la province,
mais encore des tribus voisines des fron-
tières.

Vers la fin de son commandement, des peuplades du sud de la Tunisie, désirant jouir des
bienfaits de son administration, lui envoyèrent
demander l'autorisation de s'établir sur son
territoire. Le prince dut refuser de les en-

tendre. On ne voulait point alors se créer de difficultés avec la Tunisie et on trouvait qu'une Algérie suffisait à la France[1].

1. *Le duc d'Aumale et l'Algérie*, par René de Grieu.

VI

Abdelal est nommé officier d'ordonnance du duc de Montpensier. — Expédition dans l'Ouarensenis. Il fait un
voyage en Orient avec le prince ; il visite Tunis, Carthage,
Alexandrie, Le Caire, Suez, les cataractes du Nil, les
Pyramides, Damiette, Rhodes, Constantinople, Smyrne et
toute la Grèce. — Il reçoit sa nomination au grade de
capitaine pendant un dîner à la table du roi Othon. —
Il passe à Malte, accompagne le prince à Marseille et
retourne en Algérie pour rejoindre son nouvel escadron
qui tient garnison à Blidah.

Pendant son congé, le lieutenant Abdelal se
rendit à Paris, où le roi et les princes lui firent
un accueil des plus affectueux et des plus flatteurs. Le duc de Montpensier, qui se rappelait

l'expédition de Biskra, lui prodigua en particulier les témoignages d'une sincère amitié.
Sachant que le maréchal Bugeaud se préparait
à faire une expédition dans l'Ouarensenis[1], le
prince obtint l'autorisation d'aller prendre le
commandement de l'artillerie de cette colonne,
et fit prévenir le lieutenant Abdelal que, désirant l'avoir auprès de lui, en qualité d'officier
d'ordonnance, il le demanderait au maréchal
Bugeaud, en passant à Alger.

Abdelal retourna en Afrique en même temps
que le duc de Montpensier et fut désigné pour
être attaché à sa personne.

L'expédition de l'Ouarensenis, commencée
vers le 15 mai, fut menée vigoureusement et
terminée en moins d'un mois. Les habitants
de ce massif montagneux ne purent résister
à l'impétuosité de l'attaque ; le village de Gondjila[2], où Abd-el-Kader avait déposé ses

—————

1. L'œil du monde.
2. *Gondjila*, à 60 kilomètres sud-sud-est de Tiharet, au

armes et ses munitions lorsqu'il eut abandonné Takdemt [1], fut détruit de fond en comble; les insurgés les plus compromis s'enfuirent dans le Sahara pour se dérober à nos atteintes et les tribus révoltées demandèrent *l'aman*.

Pour se consoler de n'avoir pu faire qu'une promenade au pas de charge dans l'Ouarensenis, au lieu d'une campagne dans la Kabylie, le duc de Montpensier résolut de consacrer le reste de l'été à faire une excursion en Orient; il était désireux de visiter l'Égypte, la Turquie et la Grèce. L'autorisation d'entreprendre ce voyage [2] fut demandée au roi, et, quelques jours après, une frégate à aubes, *le Gomer*,

midi de Serson, est le premier *ksar* (village) qu'on rencontre sur la route du Djebel-Amour.

1. *Takdemt* était situé à 10 kilomètres ouest de Tiharet Cette ville, relevée en 1836 par Abd-el-Kader, fut incendiée par les Kabyles la veille de notre arrivée sur ce point et ruinée complètement par nos colonnes le 15 mai 1844. — L'emplacement de Takdemt est aujourd'hui occupé par une smala de spahis.

2. La relation de ce voyage a été écrite par M. de Latour sous le titre : *Voyage de S. A. R. Mgr. le duc de Montpensier, à Tunis, en Égypte, en Turquie et en Grèce.*

vint se mettre à la disposition du prince, **dans**
la rade d'Alger. Outre son équipage ordinaire
commandé par le capitaine de corvette Gaubin,
le Gomer avait à son bord le capitaine de vaisseau Delassaux, commandant supérieur des
bateaux à vapeur de la Méditerranée. Le duc
de Montpensier emmenait avec lui le lieutenant-colonel Thierry, le capitaine Fiéreck, le
secrétaire de ses commandements, M. de
Latour, venu exprès de Paris et son nouvel
officier d'ordonnance, le lieutenant Abdelal.

Ce dernier ne pouvait entreprendre un pareil voyage sous de meilleurs auspices et dans
des conditions plus avantageuses. Il était
heureux d'aller voir le pays qui était le berceau de sa famille et de visiter les champs de
bataille où son père s'était illustré.

Le duc de Montpensier a fait cadeau de cet ouvrage au
général Abdelal avec la dédicace suivante :

A mon constant et fidèle ami, le général Louis Abdelal,
souvenir d'un heureux temps que nous avons passé en-
semble.

ANTOINE D'ORLÉANS.

Parti d'Alger le 18 juin, à midi, *le Gomer*
arriva le 20 au matin dans la rade de la Goulette. Voulant donner des preuves de ses bons
sentiments pour la France, le bey de Tunis,
Ahmed-Bacha [1], fit une réception somptueuse
au duc de Montpensier ; il mit à sa disposition
le délicieux palais de Dar-el-Bey, si remarquable par son élégance, la beauté des
marbres, la richesse des incrustations et l'extrême délicatesse des sculptures ; il lui fit de
riches présents et lui donna entre autres six
magnifiques chevaux de pur sang arabe. Les
officiers qui accompagnaient le prince reçurent
aussi de très beaux cadeaux et tous furent
décorés de l'ordre du Nicham-Iftikar. Abdelal
fut nommé commandeur.

Le duc de Montpensier resta cinq jours à
Tunis. Abdelal en profita pour voir en détail

---

1. *Ahmed-Bacha-Bey*, fils d'Hussein-Bey succéda à son
père et régna de 1837 à 1868. Mais, dans la régence de
Tunis, la couronne ne se transmet pas toujours de père en
fils ; elle revient de droit au plus âgé de la famille royale

cette ville si curieuse pour des Européens; il visita les forts et les casernes, les monuments religieux, les bazars ou *souks* et put se convaincre par lui-même combien le peuple arabe, jadis à la tête de la civilisation, était aujourd'hui réfractaire aux progrès de la science et du bien-être. Il fit aussi des excursions dans les environs de Tunis, visita le Bardo, palais d'hiver du bey, ainsi que la Manouba, réunion de jardins-orangeries et de villas appartenant aux grands fonctionnaires de la cour. Son attention se porta sur les ruines de Carthage, d'abord sur les citernes de Molka, où aboutissait jadis, comme à un château d'eau le fameux aqueduc de cette cité célèbre; puis il parcourut le vaste emplacement occupé par l'amphithéâtre destiné aux spectacles publics et où l'église catholique subit des persécutions sanglantes. Aujourd'hui, l'arène ensanglantée est retournée par la charrue, les caveaux où l'on renfermait les bêtes féroces sont détruits ou obstrués, les gradins sur lesquels se pressaient tant de milliers de spectateurs ont disparu totalement, et le souvenir seul de tous les drames sanglants dont il fut le théâtre a survécu à ce monument anéanti. *Sic transit gloria mundi!*

Abdelal visita encore la chapelle Saint-Louis[1], sanctuaire érigé en l'honneur de ce pieux monarque sur cette petite colline de la côte africaine consacrée par sa mort, colline qui a été le berceau de la puissance carthaginoise et qu'ont habitée les proconsuls romains, les rois vandales, les grands généraux de Justinien!

Le duc de Montpensier quitta La Goulette le 26 juin pour continuer son voyage en Orient. *Le Gomer* reçut l'ordre de faire voile vers l'Égypte, en longeant les côtes de la Tripolitaine, et de jeter l'ancre dans le vieux port d'Alexandrie; il y arriva le 30 juin. Saïd-Pacha, grand amiral et représentant du vice-roi, alla

---

1. Cette chapelle était desservie par l'abbé Bourgade et trois religieux de la mission apostolique.

9.

prendre à bord le prince et sa suite et les conduisit, dans de magnifiques voitures de gala, à travers toutes les troupes rangées en bataille, au palais de *Gabarri* mis tout entier à la disposition de Son Altesse Royale. A cinq heures, Méhémet-Ali[1] vint faire la première visite au duc de Montpensier. L'entretien dura une heure et demie, et, le soir, un fort beau dîner fut offert au prince par Saïd-Pacha.

Dès le lendemain matin, 1er juillet, le duc de Montpensier, accompagné de tous ses officiers, alla rendre sa visite au vice-roi, qui habitait, sur l'un des points extrêmes de la

1. *Méhémet-Ali*, né en 1769, d'abord marchand, quitta sa profession pour celle des armes, se distingua à la bataille d'Aboukir, conquit rapidement un grand ascendant sur ses troupes et se fit proclamer vice-roi en 1806. Il gouverna l'Égypte d'une manière presque indépendante de 1806 à 1847, époque à laquelle il mourut. En 1814, il avait obtenu pour lui et ses descendants le gouvernement héréditaire de l'Égypte sous la suzeraineté de la Porte. Avec le concours d'officiers français, il introduisit dans son armée l'organisation, la discipline et la tactique européennes; il releva aussi en Égypte, l'agriculture, le commerce et l'industrie.

rade, le grand palais de Rass-el-Thyn[1]. Là
eurent lieu les réceptions officielles qui durèrent plus de trois quarts d'heure, mais qui
furent des plus brillantes.

Pendant son séjour à Alexandrie, Abdelal
parcourut avec une avide curiosité les différents quartiers de la ville : la cité mahomé-
tane sur le vieux port et le quartier franc sur
le port oriental. Le soir, il aimait à se pro-
mener sur la place Mendeh, au milieu des
groupes d'indigènes accroupis, et il éprouvait
un malin plaisir à écouter les différentes
réflexions émises sur lui et sur les officiers de
l'entourage du prince. Les derniers vestiges
de la splendeur de l'antique Alexandrie n'at-
tirèrent pas son attention ; il ne jeta qu'un
regard distrait sur la prétendue *colonne de
Pompée* et sur les deux obélisques vulgairement appelés *aiguilles de Cléopâtre*. Il n'avait

1. *Rass-el-Thyn* (cap des Figuiers) est une presqu'île
entre le vieux port et la mer, à l'extrémité de laquelle
Méhémet-Ali a fait construire son palais.

en tête que les souvenirs de l'expédition d'Égypte commandée par Bonaparte.

Le duc de Montpensier ayant manifesté le désir d'aller au Caire et de visiter les cataractes du Nil, tout fut disposé pour mettre ce voyage à exécution, et, le lundi 7 juillet, le prince se mit en route pour la capitale de l'Égypte. Saïd-Pacha voulut diriger lui-même l'expédition qui se fit avec un luxe inouï. Il réunit dans le vieux port de magnifiques *dahabieh*[1] pour le transport de ses nobles hôtes sur le canal de Mahmoudieh. A Atfe, le bateau à vapeur du vice-roi fut mis à la disposition du prince, qui remonta le Nil jusqu'à Choubrah, où les trois pachas, Ibrahim, Saïd et Albas étaient venus à sa rencontre. Plusieurs voitures attelées de chevaux syriens attendaient le duc de Montpensier pour le conduire à la citadelle du Caire où le palais de marbre de

1. *Dahabieh*, c'est le nom qu'on donne à l'espèce de barques sur lesquelles se fait d'ordinaire le voyage du Nil.

Méhémet-Ali avait été aménagé pour le recevoir. Un escadron commandé par le colonel Varin, officier français, devait escorter les voitures.

Le prince fut reçu avec une pompe toute orientale et un enthousiasme indescriptible. Les indigènes se pressaient en foule sur le passage de ces *roumis* dont les pères avaient eu l'audace de pénétrer triomphalement dans la capitale de l'Égypte. Amoureux du faste et du luxe, pleins d'ostentation et de vanité, les notables de la ville grossissaient l'escorte, montés sur de superbes chevaux splendidement caparaçonnés, non seulement pour fêter l'arrivée du prince, mais pour l'éblouir par la richesse de leurs armes et l'élégance de leur costume. Les femmes elles-mêmes prirent part à l'allégresse publique ; « sur la grande place du Caire appelée l'Esbékieh, on voyait apparaître, derrière les portes entr'ouvertes, sous les jalousies soulevées, des figures de femmes qui, à demi-cachées sous leurs voiles, faisaient entendre de joyeux cris de bienvenue »[1].

Le lendemain, avant de descendre au Caire, le duc de Montpensier parcourut la citadelle élevée par le sultan Salah-Eddin, le fameux Saladin des Croisades (1176). En traversant une des cours, il fut arrêté et salué par un beau vieillard revêtu d'un cafetan rouge et coiffé d'un magnifique cachemire : c'était Soliman-Agha, le dernier des mamelouks. Abdelal lui fut présenté, et celui-ci, heureux de retrouver le fils d'un de ses anciens chefs, s'entretint longuement avec le lieutenant et lui raconta en détail les nombreuses prouesses de l'ancien Agha des janissaires.

Le prince visita ensuite l'École de médecine, fondée sous les auspices de Clot-Bey, le palais d'Ébrahim-Pacha, l'île de Rhoudaz, dont la végétation luxuriante et le célèbre *mékias* ou nilomètre[2] attire l'attention des voyageurs.

1. Notes inédites du général Abdelal.
2. Le *nilomètre* (grec : *Nilos*, Nil, *metron*, mesure) est une colonne marquée d'une échelle graduée qui sert à me-

Le 10 juillet fut consacré à la visite des mosquées et principalement de celle d'Hassan-Ein, où furent ensevelis les deux petits-fils du Prophète. Le soir, le duc de Montpensier partit pour Suez. Pour faire ce voyage, une grande calèche et quatre voitures avaient été mises par le vice-roi à la disposition de Son Altesse Royale et de sa suite. Suez était alors un amas de pauvres maisons parmi lesquelles se trouvait l'auberge où le général Bonaparte passa une de ces nuits de 1798 visitées par de si beaux rêves. Dès son arrivée dans cette ville, le prince se rendit aux sources de Moïse, qui marquent la seconde station des Hébreux dans le désert. Le lendemain matin, il alla chercher les traces de l'ancien canal d'Amron, parcourut les bords, si pleins de souve-

surer la crue ou la diminution des eaux du Nil; celui de l'île de Rhoudaz doit sa construction aux anciens Égyptiens. Il est divisé en coudées et en demi-coudées. Les mesures qu'il a fournies ont joué un grand rôle dans les dimensions sur le système métrologique de l'Égypte ancienne.

nirs, de la mer Rouge, et repartit le soir même pour le Caire, où il était de retour dans la matinée du 13 juillet.

Le 14, le duc de Montpensier partit pour la haute Égypte sur le bateau du vice-roi ; mais il fut accompagné dans cette nouvelle navigation par le bateau à vapeur d'Ébrahim-Pacha et par celui de Saïd-Pacha, sur lesquels étaient montés les officiers du *Gomer* et quelques personnages influents. On leva l'ancre à dix heures du matin. Le Caire n'avait pas encore achevé de disparaître à l'horizon que l'intérêt devenait grand pour les voyageurs. Ils passèrent d'abord au pied d'un couvent construit, d'après la tradition, à l'endroit même où se baignait la fille de Pharaon, quand elle aperçut parmi les roseaux le berceau de Moïse. Ils visitèrent successivement *Beni-Soueyf*, entrepôt de tous les produits de Fayoum ; *Siout*, dominée par les anciens hypogées ; *Souadji*, qui renferme le tombeau du célèbre mamelouk Mourad-Bey ; *Girgeh*, ville à moitié détruite par le Nil ; *Denderah*, aux ruines superbes ; *Thèbes*, l'ancienne capitale de l'Égypte ; *Esnée*, citée pour son temple de Chnouphis et son zodiaque ; enfin *Assouan*, la dernière ville de l'Égypte, comme l'antique *Syène*, qu'elle remplace était la dernière ville de l'empire romain.

Au delà d'Assouan, le Nil n'est plus navigable pour les grands bateaux. Malgré cela, le duc de Montpensier voulut pousser son excursion jusqu'à *Philœ*[1], au delà de la cataracte. Accompagné de ses officiers et de Saïd-Pacha, il traversa les antiques carrières de Syène, et au bout d'une heure de marche, il se trouva en face de Philœ, l'île sainte de l'ancienne Égypte, où l'on voit encore le tombeau d'Osiris, au culte duquel elle était consacrée. Sa belle végétation et les monuments remarquables qu'elle renferme en font malgré sa faible

---

1. *Philé* ou *Philœ* est appelée de nos jours par les Arabes *Djeziret-el-Birbé*, île des Temples.

étendue, un des points les plus intéressants de la haute Égypte. Trois dahabieh attendaient le long du Nil pour transporter le prince à Philœ. Après avoir visité les restes d'un temple d'Athor de l'époque des Pharaons et les ruines de tous les âges qui couvrent cette île, le duc de Montpensier voulut revenir à Assouan par la cataracte.

« C'est une entreprise qui exige des mains habiles et d'intrépides rameurs. Semée d'écueils sans nombre, la cataracte est pleine de courants qui briseraient la barque contre les rochers, si, enlevée à propos, elle ne glissait sur le gouffre assez rapidement pour échapper aux brusques étreintes du tourbillon. Cette émouvante navigation se prolonge une heure et demie, mais le vrai danger ne dure qu'un instant [1]. » Les trois dahabieh déposèrent

1. *Voyage de S. A. R. le duc de Montpensier à Tunis, en Égypte, en Turquie et en Grèce.* Lettres par M. Antoine de Latour.

triomphalement leurs passagers à bord des bateaux à vapeur.

En retournant au Caire, le duc de Montpensier s'arrêta successivement à *Eléphantine*, île gracieuse dont les verdoyantes cultures contrastent avec la sévérité des rives d'Assouan; à *Koum-Ombas*; aux curieuses carrières de *Djebel-Selseleh*; à *Edfou*, qui possède un temple dédié à *Arœris*, l'Apollon de l'Égypte; à Thèbes, où il visita le palais de Louqsor; Karnac, le tombeau des rois, le palais de Médmet-Abu, le colosse de Memnon, le Rhamesseian et la statue de Sésostris. En passant à Esnée, le prince fut invité à un grand bal où on avait réuni les plus belles almées du royaume. Depuis deux ans, les filles de mœurs douteuses avaient été expulsées du Caire et des villes du littoral et reléguées dans la haute Égypte. Presque toutes s'étaient arrêtées à Esnée. Cette réception, d'une somptuosité fastueuse dans un magnifique palais de marbre était une véritable fête des *Mille et une Nuits*.

Les femmes avec leurs costumes aux couleurs éclatantes, leurs danses lascives, leurs poses voluptueuses et leurs *tzagr'its* stridents ; l'éclat des lumières, tamisé par des verres multicolores ; le rythme de la musique, tantôt lent, tantôt précipité ; tout cela produisait une surexcitation nerveuse indicible et donnait à ce bal un aspect étrange et saisissant dont Abdelal conserva toujours le souvenir.

Le 25 juillet, on visita les hauts hypogées de *Beni-Hassan* puis on alla rechercher dans le Fayoum les traces de l'ancien lac *Mœris*. En continuant sa marche vers le Caire, le duc de Montpensier s'arrêta encore à *Memphis*, à *Toura*, où se trouve l'école d'artillerie, se dirigea ensuite sur les Pyramides et fit l'ascension de celle de Chéops. En passant à Djézé, il voulut voir l'école de cavalerie dirigée par *Soliman-Pacha* (l'ex-capitaine de Sèves) [1]. Cet

1. *Sèves* (Octave-Joseph-Antoine de), dit Soliman-Pacha,

officier français doué d'une volonté de fer et
d'une persévérance inébranlable était parvenu
à établir une école à l'instar de celle de Saint-
Cyr, où les jeunes Égyptiens apprenaient les
premiers principes de l'art de la guerre.

Le prince et sa suite étaient de retour au

né à Lyon en 1787, mort en 1860, entra de bonne heure dans
la marine française, passa ensuite dans l'armée de terre,
fut nommé sous-lieutenant à Posen, en 1813, lieutenant
l'année suivante, enfin capitaine et aide de camp de
Grouchy pendant les Cent-Jours. La seconde Restauration fit
rentrer de Sèves dans la vie privée. En 1816, il partit pour
la Perse ; mais, en passant par Alexandrie, il se décida à
accepter le grade d'instructeur militaire que lui offrit Méhémet-Ali et se fixa en Égypte. Il organisa un bataillon de
mamelouks circassiens et géorgiens, qui fournit des sous-
officiers à l'armée égyptienne. Il réussit ensuite à former
des officiers supérieurs turcs ou arabes, et, de la sorte, une
armée égyptienne de 130 000 hommes se trouva organisée
et disciplinée à l'européenne. L'activité et le talent qu'avait
déployés de Sèves pour parvenir à ce résultat et sa conversion au mahométisme, à l'occasion de laquelle il prit le nom
de Soliman-Bey, lui valurent la faveur de Méhémet-Ali.
Nommé colonel, Soliman-Bey se distingua dans les expéditions de Morée et de Syrie et fut promu successivement aux
grades de général-major et de général de division avec le
titre de pacha. Il contribua à la victoire de Nézib, dont il a
publié une relation.

Caire le 30 juillet. Le lendemain, ils visitèrent les tombeaux des califes, les haras de *Koubbé* et de *Matarich*, et, près de cette dernière ville, le champ de bataille d'Héliopolis et l'arbre de la Vierge, à l'ombre duquel, dit la tradition, Marie se reposa dans sa fuite en Égypte ; ils descendirent à *Boulac*, où est établie l'École polytechnique.

Le 1er août, le duc de Montpensier se rendit à *Choubrah* pour y visiter l'élégant palais et les jardins délicieux construits par Méhémet-Ali. Il s'embarqua ensuite sur le Nil pour retourner à Alexandrie ; mais, en passant par Damiette, où l'appelait un pieux souvenir. Il suivit avec émotion la trace de saint Louis depuis Pharescour, où commença d'abord avec succès la funeste bataille, jusqu'à Mansourah, où elle finit tristement par la captivité du grand roi.

Arrivé à la pointe du delta du Nil, que sa forme a fait nommer *le Ventre de la vache*, le bateau à vapeur entra dans la branche de

Rosette, passa devant Saïs, cette dernière
capitale de l'ancienne Égypte, et s'arrêta à
Sidi-Ibrahim, où il y avait une foire importante.
La mosquée de cette ville est célèbre et une
semaine par an, on y vient en pèlerinage de
toutes les provinces de l'Égypte. Mais autour
de l'œuvre pieuse s'agitent les intérêts vul-
gaires et les passions humaines; à côté des
pélerins qu'une inspiration religieuse amène
au tombeau du marabout, il y a la foule qui,
après avoir acheté ou vendu, s'ingénie à
perdre, dans ces turbulentes réunions, le sentiment de sa misère. Le duc de Montpensier ne
résista pas à la tentation de surprendre dans
le secret de ses plaisirs ce peuple qu'il venait
d'étudier dans l'apathie de sa vie ordinaire.
La nuit était venue quand le prince débarqua
à Sidi-Ibrahim. La plaine, couverte de tentes
de toutes couleurs, était éclairée de mille
flambeaux au milieu desquels les Arabes, avec
leur costume blanc ressemblaient à de véritables fantômes. De loin, cette fête de nuit

avait un aspect romanesque et saisissant. Mais la désillusion fut grande! Au lieu de rencontrer sur ses pas des pélerins recueillis, le prince n'avait devant lui qu'une foule surexcitée, uniquement occupée à célébrer quelque chose d'assez semblable aux mystères de la bonne déesse; les cris les plus étranges partaient de tous côtés; de distance en distance, dans de courts espaces laissés libres, des almées dansaient ou chantaient en s'accompagnant avec des castagnettes de cuivre; l'orgie se ruait en tous sens. Tout à coup le prince fut entraîné dans un tourbillon qui ne pouvait guère se comparer qu'à une ronde de sabbat. Il parvint, non sans peine, à sortir de cette multitude et retourna à bord, écœuré de ce qu'il venait de voir. Les âcres parfums qui s'exhalaient de cette foule agitée, les cris violents qui résumaient toutes ces voix éraillées par la débauche, avaient dissipé toute poésie pour ne laisser voir que l'immonde réalité. Tant il est vrai que de tels spectacles, pour garder leur prix, ne veulent pas qu'on les épuise; il faut seulement les entrevoir et passer outre.

Le prince fut de retour au palais de Gabarri le 5 août. Le surlendemain de son arrivée, la colonie européenne d'Alexandrie lui offrit un bal splendide au palais du consulat de France. Il dîna le jour suivant chez Méhémet-Ali et, le 9 août, il s'embarqua à bord du *Gomer*, qui fit voile vers l'île de Rhodes.

Dans toutes ces excursions en Égypte, Abdelal ne quitta pas le prince dont il était l'interprète; désireux de s'instruire, il adressait de nombreuses questions aux indigènes, leur faisait raconter les légendes et apprenait ainsi sur les lieux mêmes l'histoire des pays qu'il parcourait. Plus tard, devenu général, il parlait souvent de son voyage en Égypte et tenait ses auditeurs sous le charme de ses aperçus originaux et de ses récits pleins de finesse et d'intérêt.

Le 11 août, entre onze heures et midi, on

jetait l'ancre en vue de Rhodes : apparition magique. « Ce mélange d'arbres verts et de blanches maisons, dit M. de Latour, enchantait nos regards encore attristés du paysage brûlé de l'Égypte [1]. » Le duc de Montpensier entra dans la ville par la porte d'Amboise, visita l'Église des chevaliers de Saint-Jean de Jérusalem et alla se rembarquer à deux pas du lieu où la tradition a placé le colosse de Rhodes.

A minuit, on leva l'ancre et *le Gomer* reprit sa course. Il longea le rivage de *Boudroun*, l'antique *Hélicarnasse*, où s'élevait jadis le célèbre tombeau de Mausole; il passa devant les ruines d'*Éphèse*, devant *Cos*, la patrie d'Hippocrate, non loin de *Samos* et près de *Chio*, l'une des villes qui se disputaient le berceau d'Homère. Après s'être arrêté un instant dans le golfe de Smyrne, au milieu de l'escadre du

1. *Voyage de S.A.R. M. le duc de Montpensier, à Tunis, en Égypte, en Turquie et en Grèce.* **Lettres par M. Antoine de Latour.**

Levant, *le Gomer* poursuivit sa marche, longea les côtes de *Mételin*, l'ancienne *Lesbos*, la patrie de *Sapho* et d'*Alcée*, se rapprocha de la côte d'Asie, passa en vue du mont Ida et des ruines de la nouvelle Troie créée par Alexandre, pour se diriger ensuite vers le détroit des Dardanelles. Enfin, laissant *Galli-poli* à droite, *le Gomer* entra dans la mer de Marmara et arriva bientôt en vue de Constantinople.

C'était au lever du soleil, au moment où la *Ville-Paradis* des Orientaux apparaît dans son aspect le plus éblouissant. Un immense panorama se déroule alors sous les yeux : d'un côté, au delà des murs blancs du sérail et de ses massifs de verdure, s'élèvent en amphithéâtre sur les sept collines de la pénin-sule les maisons de Stamboul, les tours, les élégants minarets et les vastes dômes des mos-quées ornés de petites coupoles ; d'un autre côté s'étagent sur les pentes d'une colline les magnifiques palais de Péra, construits avec les marbres bleus et gris de Marmara et les beaux marbres couleur de chair du golfe de Cysique; enfin, sur les deux rives du Bosphore s'étendent des quais couverts de villas, de kiosques et de chalets qui offrent sur leur parcours une étonnante succession de sites merveilleux. En présence de ce panorama féerique, l'admiration s'égare impuissante. Abdelal, d'un esprit observateur et d'une nature un peu contemplative, fut frappé plus que tout autre du grandiose de ce spectacle.

Le Gomer remonta ensuite le Bosphore jusqu'à Thérapia, où on avait préparé l'installation du prince et de sa suite dans le palais d'été de l'ambassadeur de France, le comte de Bourqueney [1]. Après les réceptions officielles,

1. *Bourqueney* (François-Adolphe comte de), né à Paris en 1808, débuta dans la carrière diplomatique aux États-Unis. En 1834 et 1843, il fut envoyé à Londres, d'abord comme chargé d'affaires, puis comme ministre plénipotentiaire pour consacrer la séparation de la Belgique et de la Hollande. Nommé en 1843 ambassadeur à Constantinople, il donna sa démission en 1848. Ministre plénipotentiaire en

le duc de Montpensier consacra deux jours à
la visite de la ville ; il longea d'abord les deux
rives de la Corne d'or dans un léger caïque
plus gracieux que les gondoles de Venise ; puis
il parcourut dans tous les sens le quartier
turc, visita l'ancienne église Sainte-Sophie,
les principales mosquées et les bazars si
curieux, non seulement à cause des richesses
et des marchandises de toute espèce qu'on y
voit entassées, mais surtout à cause des
hommes de toute race et de tout climat qui
s'y trouvent réunis. Après avoir vu en détail
l'école d'artillerie et les principaux établissements militaires de Constantinople, le prince
fut admis à visiter le vieux sérail. Là, comme
partout, des ordres avaient été donnés pour
que Son Altesse Royale fût reçue avec tous les
honneurs dus à son rang. Elle parcourut avec

1853, puis ambassadeur près la Cour de Vienne, lors de la
guerre d'Orient, il signa, en 1856, comme second plénipotentiaire, l'acte du congrès de Paris et le traité de Zurich.
Il avait été nommé sénateur en 1857.

admiration les détours sans nombre de cet amas de palais dont chaque pièce pourrait raconter une page secrète de l'histoire ottomane, et qui s'entoure encore aujourd'hui d'un reste de cette vague terreur répandue jadis autour de ses murailles. Le prince en sortit par la porte célèbre qui a donné son nom à l'empire, vestibule magnifiquement décoré, où le sultan vient encore aux grands jours recevoir les adorations de ses peuples.

Pendant son séjour à Constantinople, Abdelal apprit que les *derviches messlenis* [1] se livraient deux fois par semaine aux exercices étranges de leur dévotion. Il eut la

1. *Derviches messlenis*, derviches tourneurs. A toutes les époques, le surnaturel a été exploité : si le paganisme a eu ses *pythonisses*, le mahométisme ses *santons* et ses *derviches*, l'Inde ses *fakirs*, n'avons-nous pas eu en France, il y a à peine un siècle, des convulsionnaires jansénistes fanatisés qui, sur la tombe du diacre Pàris, se torturaient volontairement, cherchant, dans d'affreuses souffrances résultant de la trépidation nerveuse du corps, les jouissances délicieuses de la vie extatique?

curiosité de les voir, pour les comparer aux
aïssaouats, dont il connaissait les jongleries,
et se fit conduire dans la maison qui leur sert
de mosquée. Les derviches étaient déjà réunis;
le plus profond silence régnait dans la salle.
A un signal donné commencent de longues
prières faites avec une dignité et un recueille-
ment qui imposent le respect; viennent
ensuite, dans un ton plus élevé et sur un
rythme monotone, des exhortations pieuses
qu'on pourrait croire chantées; puis d'autres
derviches placés dans une tribune exécutent
sur une espèce de flûte des modulations
mélancoliques et prolongées. Enfin, après
quelques préludes qui tiennent encore plus
de la prière que de l'extase, chaque derviche
entre en danse successivement. Alors commence, pour durer des heures entières, un
tourbillon dans lequel quarante individus,
resserrés dans une salle très petite, tournent,
la tête renversée et les bras élevés, d'abord
avec une lenteur cadencée, bientôt avec une

rapidité vertigineuse, sans jamais se heurter l'un à l'autre.

Le duc de Montpensier fit aussi des excursions dans les environs de Constantinople; il parcourut le golfe de Nicomédie et voulut tenter l'entrée de la mer Noire. *Le Gomer* s'avança donc dans le canal étroit et long qui la sépare du Bosphore, jusqu'à la hauteur de deux ou trois rochers d'un aspect sinistre, qui semblent les sentinelles menaçantes de cette mer orageuse. Après un regard jeté sur la mer Noire, le bateau vira de bord, descendit le Bosphore et s'arrêta devant Beylerbey, où le prince débarqua pour visiter le palais d'été du sultan et la ville de Scutari.

Le duc de Montpensier quitta Constantinople le 31 août, et, le soir même, *le Gomer* arrivait au fond du golfe de Mandania, en vue de l'Olympe, au pied de laquelle est assise Brousse, l'ancienne capitale de l'empire ottoman. Le prince consacra une journée à visiter cette ville, ses curieuses mosquées, ses bains, ses riches fabriques. Le 3 septembre, il débarqua à Smyrne, alla voir le couvent des sœurs de charité, la maison des capucins, traversa les bazars, moins riches sans doute, mais plus animés peut-être que ceux de Constantine, et termina sa promenade par une excursion au pont des Caravanes, formé d'une seule arche jetée sur le fameux Mélès.

Le Gomer se remit en route à huit heures du soir ; il passa devant Psara, restée turque comme Chio ; devant Skiros, longea les côtes verdoyantes de l'Eubée, pénétra dans le golfe de Volo, effleura les plages de la Thessalie et entra dans le golfe de Moliaque, le prince voulant essayer de débarquer aux Thermopyles. La chose fut impossible. On ne put apercevoir que le sombre profil de l'Œta et les cimes lointaines du Parnasse.

Le lendemain aux premiers rayons du soleil, *le Gomer* longea Tinos et Andros, Syra, le point central des paquebots de la correspondance dans la Méditerranée, Paros aux belles carrières, la triple Delos, Naxos, la ville d'Ariane, et vint mouiller dans le port de Milo. C'est de cette île que fut rapportée en France la *Vénus*, ce chef-d'œuvre de la sculpture antique. Le duc de Montpensier visita ensuite Salamine, le temple d'Égine, le cap de Sunium et, le 12 septembre de grand matin, *le Gomer* entra dans le Pirée et salua de vingt et un coups de canon le pavillon de la Grèce.

Le roi Othon[1] avait envoyé ses voitures au Pirée avec l'amiral Chriéris, grand maréchal du palais, chargé de conduire Son Altesse Royale à Athènes sous l'escorte d'un escadron de lanciers. Il était onze heures quand elle y arriva. Le roi lui fit une réception des plus somptueuses et lui offrit une partie de son palais pour s'y in-

1. *Othon* Ier (Frédéric-Louis), deuxième fils du roi Louis Ier de Bavière, né en 1815, fut appelé à l'âge de dix-sept ans, par le protocole de Londres (1832), au trône de Grèce; il régna jusqu'en 1862, époque à laquelle il fut chassé de son pays par une révolution. Il mourut en Bavière, à Bomberg, en 1867. Il avait épousé la princesse Amélie, fille du duc d'Oldembourg, célèbre par sa beauté et dont il n'eut pas d'enfants.

staller avec sa suite. Il n'avait pas voulu permettre que le prince eût une autre demeure que la sienne.

Le lendemain de son arrivée en Grèce, tandis qu'il déjeunait à la table royale, Abdelal reçut la nouvelle de sa nomination au grade de capitaine : « Mes nouveaux galons, écrivait-il, ont été arrosés de champagne par le roi et la reine ! »

Après avoir visité l'Acropole, le Parthénon le temple de la Victoire-Aptère et les débris de l'antique splendeur d'Athènes, le duc de Montpensier voulut voir l'installation de l'école navale et de l'école d'artillerie et de génie, établies au Pirée ; il parcourut ensuite les campagnes du Péloponèse et principalement l'Argolide, la province de l'Hellade, la plus riche peut-être en anciens monuments ; il visita Nauplie, qui avait servi de capitale au royaume naissant, Argos, plus ancienne encore que Lacédémone ; puis, entre ces deux villes, au milieu de la plaine, le petit rocher qui porte l'antique acropole de Tyrinthe, dont les puissantes murailles cyclopéennes ont quinze mètres de largeur ; et, plus au nord, sur des escarpements rocailleux, la vieille Mycènes, la tragique cité d'Agamemnon, les beaux restes du temple de Jupiter à Némée, le temple d'Apollon dans la charmante vallée de la Néda, les sept colonnes doriques de Corinthe qu'on dit être les plus anciennes de la Grèce, enfin l'Acro-Corinthe, gardienne de la péninsule, forteresse antique, transformée en citadelle du moyen âge. De ce point, le regard embrasse, avec les deux mers et l'isthme qui les sépare, une triple ceinture de montagnes dont chacune porte un nom fameux : le Parnasse, l'Hélicon, le Syllène, et, par delà l'Hymette, il découvre encore les bâtiments mouillés dans le Pirée.

La garnison de l'Acro-Corinthe boit les eaux de la célèbre source que Pégase fit jaillir d'un coup de pied.

Le duc de Montpensier voulut aller de Nauplie à Sparte par la montagne. Le 17 septembre, dès six heures du matin, plus de trente

chevaux ou mulets attendaient sur le rivage ;
la caravane se mit en route et coucha le soir à
Arakoua, assez grand village de Laconie.
Tout à coup, pendant la soirée, les Palikares
ayant appris qu'ils avaient un hôte de distinction tirèrent des coups de fusil en son
honneur, poussèrent des cris de joie et expri-
mèrent hautement le désir de saluer le fils
d'un roi qu'ils savaient dévoué à la Grèce. Le
prince s'empressa de descendre au milieu
d'eux et fut accueilli par les acclamations les
plus énergiques. Aussitôt s'organisa comme
par enchantement une *raméika*, la danse nationale des Grecs. C'est une espèce de ronde
lente que tous les Palikares dansent avec une
grâce inimitable, sur un air simple mais original et entraînant. Généralement quatre ou
cinq personnes commencent la ronde ; bientôt
le cercle s'agrandit, les femmes, les enfants
y entrent, et le vieux *dimarque* [1] lui-même en

1. Le *dimarque* d'un village a une situation à peu près
équivalente à celle du maire dans nos communes.

prend gaiement la direction. Pendant que la ronde tourne, un des Palikares, placé au centre et porteur d'un broc de vin, tourne également, invite les danseurs à boire sur l'air même de la *raméika*. Cette ronde dura fort longtemps dans la nuit ; mais peu à peu, le cercle se rétrécit, les chants se ralentirent et le silence se rétablit dans Arakoua. Les Palikares fatigués s'étaient endormis sur la dure, roulés dans leurs manteaux de laine. La lune éclairait cette fête champêtre de sa blanche lumière et donnait à ce spectacle un aspect étrange et saisissant.

Le lendemain 18 septembre, le prince devait arriver à Sparte ; il descendit par un sentier étroit et difficile dans la vallée de l'Eurotas. Ce poétique fleuve avait toujours des eaux limpides et légères, et les lauriers entremêlés de roseaux qui couvraient ses deux rives y répandaient une ombre mystérieuse et douce. Le prince parcourut l'emplacement de la Sparte antique, visita le monument appelé le tombeau de Léonidas, la Sparte moderne, et alla toucher à Mistra, charmante petite ville située au pied du mont Taygète.

Le 19 septembre, il fit l'ascension du Taygète, traversa le village de Trypi, tout auprès de la grotte où s'échappa, dit-on, Aristomène enfant, et, vers la fin du jour, il atteignit les dernières cimes de la montagne. Après avoir examiné longtemps, de cette hauteur, le splendide panorama qu'il avait à ses pieds, le prince descendit à Calamata, où se trouvait *le Gomer*, qui avait reçu l'ordre de doubler l'ancien cap Ténare pour reprendre Son Altesse Royale et la porter à Patras.

Le 20, au matin, le duc de Montpensier se mit en route pour Messine. Il gravit non sans peine les pentes de l'Ithôme, pénétra dans les débris de la cité célèbre par l'ancienne porte de Laconie, suivit les restes de la muraille bâtie par Épaminondas et sortit de ces ruines par la porte d'Arcadie.

« C'est l'usage des Messiniens d'offrir en ce

lieu aux voyageurs de distinction un agneau rôti. Ils n'eurent garde d'y manquer cette fois. L'agneau fut dépouillé, rôti sur place et un humble tapis apporté d'un village voisin et couvert de feuillage eut bientôt formé une table digne de ce festin homérique. Le prince prit place à terre, au milieu des chefs, pendant que le reste des Palikares attendaient leur tour assis sur les ruines, leurs longs fusils en croix sur leurs genoux. Les filles de Messine avaient suivi les voyageurs, leur apportant l'eau de la fontaine Arsinoë et se retirant ensuite à distance ; elles formaient contre la haute muraille des groupes harmonieux qui se détachaient sur la pierre comme des bas-reliefs antiques [1]. »

Ce repas achevé, le prince se rendit au couvent de Vurcano, où il passa la nuit. Le lendemain, il revint à Calamata par les beaux

[1]. *Voyage en Egypte, en Turquie et en Grèce*, par M. Antoine de Lacowe.

villages de Nisi et de Nasyri et s'embarqua
pour Navarin. Il voulait connaître la rade dans
laquelle la flotte française avait anéanti la
flotte turque; il la trouva bien déserte; les
carcasses des vaisseaux turcs coulés à fond
dans le combat de 1828 étaient plus nombreuses que les navires de commerce flottant
sur le port.

Le bateau reprit la mer, entra dans le golfe
de Corinthe et jeta l'ancre sur la côte la plus
rapprochée de Cryssa. Une course à Delphes
devait être l'emploi du lendemain. La ville
sainte d'Apollon n'existe plus, elle a été
remplacée par Castri; mais les gigantesques
fragments de murailles qui subsistent encore
rappellent sa grandeur passée. Le duc de
Montpensier visita le lieu même où Apollon
rendait ses oracles, l'antre de la Pythie et la
fontaine de Costalié, où elle se baignait avant
de s'asseoir sur le trépied. Il se rendit ensuite
à Salona et à Patras. Cette ville, située au
débouché des plaines les plus fertiles et les

mieux cultivées de l'Attique était déjà un centre de commerce avec l'Angleterre.

Dans ce voyage si intéressant, Abdelal combla une lacune de son instruction, en apprenant l'histoire des peuples anciens. Toutes les excursions étaient pour lui un sujet d'études ; il écoutait attentivement les récits des faits survenus sur les lieux mêmes qu'il traversait ; puis il les classait avec méthode, de sorte que, à son retour en France, quoique son instruction première eût été négligée, il connaissait mieux l'histoire ancienne que la plupart de ceux qui l'ont apprise uniquement dans les livres. Doué d'une mémoire prodigieuse, les souvenirs qui s'attachent aux grands champs de bataille de l'antiquité et aux ruines de l'Égypte et de la Grèce restèrent présents à son esprit, et il savait les rappeler à propos dans la conversation.

De Patras, *le Gomer* fit voile vers l'île de Malte. Le duc de Montpensier voulait connaître cet arsenal de guerre et de ravitaillement qui assure aux Anglais la prépondérance dans la Méditerranée ; il parcourut le port de la Valette, où des flottes entières peuvent se mettre à l'abri, et qui est protégé par des fortifications sans nombre, des murailles et des tours, des bastions et des citadelles qui se dressent de toutes parts pour en défendre les approches. A l'arrivée du prince, toute la garnison était sur pied. Le duc de Montpensier, accompagné de son état-major, passa devant les troupes rangées en bataille sur le quai ; il fut ensuite conduit pompeusement au palais du gouverneur, où tous les officiers anglais se réunirent pour faire au fils du roi de France une réception digne de son rang.

Le Gomer ne séjourna que vingt-quatre heures à Malte ; puis il remonta vers le nord en longeant les côtes de la Sicile. L'entourage du prince espéra un instant qu'on ferait escale à Naples ; mais le duc de Montpensier, pressé de rentrer en France, ne crut pas devoir céder au désir de ses officiers. Le navire continua sa marche, passa en vue de l'île d'Elbe et vint mouiller dans la rade de Toulon le 1ᵉʳ octobre. Le voyage avait duré cent cinq jours.

Le prince partit le lendemain pour Paris; mais, avant de se séparer d'Abdelal, il lui renouvela ses témoignages d'amitié et lui donna l'assurance de l'intérêt qu'il lui portait. Le duc de Montpensier n'a jamais oublié les promesses qu'il a faites.

A la suite de ce voyage Abdelal eût pu obtenir un congé; il ne demanda qu'une permission de quarante-huit heures pour aller voir sa mère à Marseille. Le quatrième jour de son arrivée en France, il s'embarquait encore à Toulon pour rejoindre son régiment, le 1ᵉʳ spahis, dont l'état-major et deux escadrons se concentraient à Blidah, où ils devaient tenir garnison.

VII

Expédition dans le sud de la province d'Alger. — Colonne
Yusuf. — Poursuite d'Abd-el-Kader par l'escadron d'Abdelal. — Le lieutenant Lacoste et l'interprète Lévy. —
Abdelal organise un escadron de spahis à Aumale. —
Expédition en Kabylie contre les Beni-Mélikenche, sous
les ordres du colonel Canrobert; brillante charge d'Abdelal, à la tête de son escadron; soumission des tribus
révoltées. — Expédition commandée par le colonel
d'Aurelle de Paladines.

A la fin de l'année 1845 et au commencement
de 1846, Abdelal fit à la tête de son escadron
toutes les expéditions dirigées contre Abd-el-
Kader, dans le sud de la province d'Alger.

Dans une de ces expéditions du côté de Bou-

Çâada[1], il eut un moment l'espoir de s'emparer de l'émir. C'était au mois de mars 1846. Le général Yusuf avait formé une colonne mobile composée de seize escadrons de cavalerie appuyés par un bataillon de zouaves montés sur des mulets de réquisition. Ayant appris, le 7 mars, que le colonel Camou venait d'infliger à Abd-el-Kader un nouvel et très grave échec au combat de Ben-Nar, le général Yusuf se porta immédiatement à marches forcées à la poursuite de l'émir et l'atteignit auprès de la région montueuse qui se trouve un peu au nord de Bou-Çâada. Cette expédition se faisait dans le plus grand secret. Dans la nuit du 12 au 13 mars, vers trois heures du matin, après une marche rendue très pénible par les difficultés du terrain et une obscurité profonde, le général Yusuf, guidé par des

---

1. *Bou-Çâada* (le père du Bonheur) est située au sud-ouest de Constantine, à une distance de 305 kilomètres environ, par 35° 10, de latitude nord, et 1° 55, de longitude est, à une altitude de 578 mètres.

renseignements certains, était arrivé à six kilomètres du bivouac d'Abd-el-Kader. Ce bivouac était établi dans la plaine, tandis que nos escadrons étaient encore dans la montagne; les deux adversaires ne se doutaient pas être aussi près les uns des autres. Trompé au dernier moment par certains indices, le général Yusuf crut avoir fait fausse route. Il avait déjà donné l'ordre de cesser la poursuite et de renoncer aux mesures de précaution usitées à l'approche de l'ennemi, lorsque, quelques instants avant le jour, plusieurs coups de feu lui firent comprendre qu'il était au contraire sur la bonne voie. Une reconnaissance très rapidement et très hardiment exécutée par les goums, sous les ordres du commandant Ducrot[1], apprit au général que l'émir était à peu de distance avec tout ce qui lui restait de

1. *Ducrot* (Auguste-Alexandre), né à Nevers en 1817, alla en Afrique à sa sortie de l'École de Saint-Cyr, servit sous les ordres du duc d'Aumale et, par sa bravoure et son intelligence, mérita un avancement rapide. Il prit part à la campagne d'Italie comme général de brigade, promu géné-

force et qu'il se disposait à fuir. — En effet, informé de la présence de nos troupes, Abd-el-Kader avait donné l'ordre à son convoi de se diriger vers l'est, tandis qu'il se retirait précipitamment vers l'ouest dans une large plaine terminée au loin par des collines rocheuses et abruptes.

Pour déboucher dans cette plaine, la colonne devait passer un défilé étroit et difficile. Il n'y avait pas une minute à perdre, si on voulait profiter de la circonstance. Les dispositions du général furent rapidement prises. Quatre escadrons de spahis furent lancés en première ligne : à gauche, deux escadrons du 2ᵉ spahis ; à droite, deux escadrons du 1ᵉʳ spahis, commandés par le capitaine Abdelal et le lieutenant du Barrail [1], sous les ordres du chef d'es-

ral de division en 1865, il commanda le 1ᵉʳ corps d'armée en 1870 et se distingua encore au siège de Paris.

1. *Du Barrail*, né à Versailles en 1820, engagé dans les spahis en 1839, signalé par sa bravoure en 1840, cité à l'ordre de l'armée en 1842, nommé sous-lieutenant la même année, décoré en 1843, blessé à la bataille d'Isly et nommé

cadrons Desmaisons[1]. Ces quatre escadrons devaient être soutenus par ceux du premier chasseurs d'Afrique, du 2ᵉ et du 5ᵉ chasseurs de France, par un escadron de gendarmes français, et par un bataillon de zouaves qui avaient fait toute la marche de nuit, montés sur des mulets de réquisition.

Tandis que les deux escadrons du 2ᵉ spahis et l'escadron du lieutenant du Barrail, entraîné par le commandant Desmaisons, s'é-

lieutenant en 1844, capitaine en 1846, chef d'escadron en 1853, à la suite des combats de Laghouat, commandant supérieur du cercle de Laghouat, lieutenant-colonel aux chasseurs de la garde, colonel du 1ᵉʳ cuirassiers en 1857 et du 3ᵉ chasseurs d'Afrique en 1860, cité à l'ordre du jour de l'armée aux combats de Cholala et de San-Lorenzo, général de brigade en 1863, général de division en 1870, grand officier de la Légion d'honneur en 1871, fut ministre de la guerre du 29 mai 1873 au 22 mai 1874 et commanda ensuite le 9ᵉ corps d'armée.

1. *Desmaisons* (Pierre-Adolphe), engagé volontaire fut nommé sous-lieutenant 25 mars 1831, lieutenant le 26 avril 1836, capitaine le 23 octobre 1839, chef d'escadron le 26 juin 1845, fut retraité comme chef d'escadron et officier de la Légion d'honneur; il avait d'abord servi dans l'infanterie et n'avait aucune des qualités du cavalier.

lançaient à la poursuite du convoi qu'on supposait commandé par l'émir, « Abdelal séul avec son escadron ne se laissa pas tromper par cette fausse manœuvre de l'ennemi. Toutefois, l'erreur rapidement reconnue et le convoi lestement enlevé, les escadrons de gauche furent remis aussitôt dans la bonne voie et se portèrent avec la plus grande ardeur à l'attaque principale. Mais ce court moment d'hésitation avait permis à Abd-el-Kader de prendre un peu d'avance et lui avait donné le temps de s'échapper à travers les pentes rocheuses où nos chevaux épuisés ne purent le suivre[1] ». — « Je ne fus pas dupe, rapporte le général Abdelal, du subterfuge de l'émir et je me précipitai hardiment sur ses traces. Il avait alors quatre kilomètres d'avance. Ce fut une charge effrénée qui, commencée avant six

1. Les notes du général Abdelal sur la journée du 13 mars 1846 étaient incomplètes. Le général du Barrail a eu l'obligeance de nous donner les renseignements qui nous manquaient.

heures du matin, ne cessa que vers dix heures.
Nous arrivâmes à quelques centaines de
mètres d'Abd-el-Kader, mais nos chevaux ne
purent aller plus loin; exténués de fatigue et
à bout de forces après cette course rapide, ils
s'arrêtèrent ne pouvant plus faire un pas.
Notre proie nous échappait! Nous n'étions
plus du reste que trente-cinq cavaliers, sur
les quatre cent-cinquante qui étaient partis à
la charge. — Nous ne rejoignîmes la colonne
qu'à cinq heures du soir et nous arrivâmes
tous, hommes et chevaux, complétement
épuisés[1]. »

Le combat de Ben-Nar et celui du 13 mars
furent certainement les deux circonstances de
guerre où Abd-el-Kader courut personnellement le plus grand danger. Ce dernier combat
a donné lieu à un épisode barbare, qui serait
un déshonneur pour une nation civilisée et qui
s'est malheureusement reproduit quelquefois

1. Notes inédites du génér: I Abdelal.

en Afrique dans les commencements de la conquête. « Pendant qu'Abd-el-Kader était vivement pourchassé, rapporte le général du Barrail, il voulut se débarrasser d'une entrave qui ralentissait sa marche. Pour ne pas laisser retomber vivants entre nos mains les prisonniers français qui lui restaient et qu'il traînait à sa suite pour les présenter aux populations comme des trophées de victoire, il donna l'ordre de les mettre à mort. Nous avons, pour ainsi dire, assisté à cette exécution sommaire dont fut chargé le khalifa d'Abd-el-Kader, Si-chérif-bel-Aïech, tué à notre service pendant l'insurrection de 1846, comme bach-agha des Ouled-Naïl. Je me rappelle parfaitement avoir vu un groupe de cavaliers hors de portée tirer des coups de fusil qui n'étaient évidemment pas à notre adresse, sans pouvoir en comprendre la cause. Nous en eûmes bientôt la douloureuse explication, en voyant quelques instants après se traîner vers nous et dans l'état le plus lamentable, deux malheureuses victimes. C'étaient M. Lacoste, lieutenant du train des équipages, chef du bureau arabe de Thiaret, et M. Lévy, son interprète. Ils se trouvaient l'un et l'autre, au moment de l'insurrection, en tournée administrative dans une tribu qui faisait défection. Ils avaient été traîtreusement enlevés et conduits à Abd-el-Kader comme gages de soumission et de fidélité de la part de la tribu révoltée. — L'émir, pour réveiller le zèle des populations encore hésitantes, leur présentait M. Lacoste, tantôt comme le fils du roi de France, tantôt comme un parent du maréchal Bugeaud. Il préludait par eux au massacre général des prisonniers de la deïra qui devait avoir lieu un an ou quinze mois plus tard.

» Quand nous recueillîmes les deux malheureuses victimes, elles étaient couvertes de sang et paraissaient sur le point d'expirer. M. Lévy, en effet, mortellement blessé, succomba quelques heures après. M. Lacoste aurait dû survivre à ses blessures : aucune d'elles ne présentait un caractère sérieux de gravité ; aucun organe essentiel n'était atteint. Mais il était en proie à une surexcitation extrême, facile à comprendre du reste, et qui ne lui permit pas de donner des renseignements sur l'ennemi, qui venait de l'abandonner d'une manière si tragique. Il fut transporté de suite, avec toutes les précautions imaginables, à Boghar, où malgré les soins dont il fut entouré, il succomba trois mois après, moins encore de ses blessures que des horribles souffrances endurées dans son affreuse captivité[1] ».

Le général Yusuf continua à suivre pendant quelque temps les traces d'Abd-el-Kader ; mais sa colonne fut bientôt dissoute, et Abdelal rentra à Blidah avec son escadron[2].

1. Notes inédites du général du Barrail.
2. En arrivant à Blidah, Abdelal reçut la lettre suivante du général Négrier, qui montre l'injustice dont l'armée d'Afrique était déjà l'objet et le début des tendances à établir le gouvernement civil en Algérie :

Durant l'année 1847, il expéditionna dans le

« Lille, le 14 avril 1846.

» Mon cher Abdelal,

» Je vous aurais écrit depuis longtemps, si je ne vous avais su continuellement en course après les Arabes. Je présume que vous avez enfin un peu de repos et j'espère que ma lettre vous trouvera soit à Alger soit à Blidah. Vous devez avoir, hommes et bêtes, un grand besoin de vous refaire, après une campagne si rude par un hiver bien rigoureux et au milieu de toute sorte de privations. Moi qui suis au courant du genre de guerre que vous faites, je comprends mieux que bien d'autres, mon' cher capitaine, tout ce que vous et vos braves compagnons méritez d'intérêt cordial. Bien souvent je me prends à regretter de n'être plus en Afrique pour y partager vos travaux et cette existence mâle et sévère qui va si bien à mon caractère et à mon organisation. D'un autre côté, lorsque je réfléchis à l'insolente injustice avec laquelle notre noble armée d'Afrique, notre digne chef, le maréchal, et presque tous ses généraux sont traités, je me ronge le cœur, l'indignation me gagne, et je me dis qu'il vaut encore mieux rester ignoré dans mon coin ; au moins, je suis tranquille.

» J'ai lu dernièrement dans mon journal que vous et vos spahis aviez suivi de bien près Abd-el-Kader et les siens. Vous me parlerez de cela. Quelle bonne aubaine, mon cher Abdelal, si vous lui aviez mis la main sur le burnous, pour s'amener à Alger. Du reste je ne pense pas que sa mort ou la prise mît fin à cette guerre; elle sera encore longue, surtout si on commet l'erreur d'établir en Afrique le gouvernement civil, comme je l'entends prêcher tous les jours...

sud sous les ordres du général Marey-Monge[1]. Du 3 février au 7 mars, il marcha contre les Ouled-Naïl-Raraba qui, poursuivis avec vigueur et traqués de tous côtés, se virent dans la nécessité de demander l'aman. Il prit aussi une grande part à la soumission du célèbre *Bou-Maza*[2] (13 avril) et ses reconnaissances hardies au milieu même des insurgés lui valurent

» Parlez-moi beaucoup de vous et de vos fatigues brillantes. Le capitaine Lebrun se rappelle à votre souvenir et vous dit ses amitiés. Quant à moi vous connaissez mes sentiments inaltérables pour vous, et vous savez qu'ils se résument en une entière estime et une sincère affection.

» Général NÉGRIER. »

1. *Marey-Monge* (Guillaume-Stanislas), comte de Peluze, né à Nuits (Côte-d'or) le 17 mars 1796, élève à l'École polytechnique en 1814, sous-lieutenant d'artillerie en 1817, lieutenant en 1819, capitaine en 1823, chef d'escadrons de cavalerie en 1830, lieutenant-colonel le 17 septembre 1834, colonel le 31 mars 1837, maréchal de camp le 9 avril 1843, général de division le 12 juin 1848, grand-croix de la Légion d'honneur le 7 août 1859. Mort à Pomard le 12 juin 1863.

2. *Bou-Mazâ* (l'homme à la chèvre) est un des prétendus chérifs qui ont eu le plus d'influence sur leur coreligionnaires et qui nous ont résisté le plus longtemps et le plus énergiquement.

à plusieurs reprises et publiquement les félicitations les plus flatteuses.

Abdelal était à Blidah lorsqu'il apprit la
nouvelle de la révolution de Février. Le duc
d'Aumale, qui était alors le gouverneur de
l'Algérie, et le prince de Joinville, qui commandait l'escadre en rade d'Alger, loin de profiter de leur situation pour tenter d'arrêter le
mouvement révolutionnaire, s'inclinèrent no-
blement devant le fait accompli et quittèrent
Alger pour se réfugier en Angleterre. Avant
leur départ, Abdelal, toujours dévoué à ceux
qui lui avaient fait du bien, ne craignit pas
de se rendre auprès des princes pour leur
donner une nouvelle preuve de son attachement, leur témoigner sa reconnaissance et les
regrets profonds qu'il éprouvait de les voir
partir.

Quelque temps après, il fut envoyé à Aumale[1] avec la mission d'y organiser un es-

1. *Aumale.* L'*Auzia* des Romains, le *Sour R'Ozlan* (rempart des Gazelles) des Arabes, est à 105 kilomètres sud

cadron de cent quatre-vingts chevaux en prenant hommes et chevaux dans les tribus environnantes. Il arriva dans ce poste nouvellement créé le lendemain de la soumission du chérif *Moulaï-Mohammed*[1], qui avait soulevé la Kabylie entre Bougie, Sétif et Djidjelli.

Abdelal avait plein pouvoir pour le recrutement de son escadron. Grâce à sa connaissance parfaite du pays et des habitants, à son infatigable activité, à son esprit inventif et organisateur, il parvint à surmonter tous les obstacles et à mener à bonne fin la tâche difficile qui lui avait été donnée. En moins de

d'Alger. Ce poste militaire permanent fut créé en 1846, pour fermer à tous les agitateurs les portes de la Kabylie et la grande route du Djurdjura au pays des Ouled-Naïl. Aumale est aujourd'hui le chef-lieu de la 3ᵉ subdivision militaire d'Alger et d'une sous-préfecture.

1. *Moulaï-Mohammed*, homme de basse extraction mais astucieux et habile, avait su profiter des circonstances pour se faire passer pour le *chérif*, *l'envoyé de Dieu*. Par ses intrigues et ses prédications ardentes, il avait remué et facilement poussé à la révolte cette démocratie kabyle, inévitablement soumise, comme tous les gouvernements de la multitude, à la loi des plus violents.

trois mois, il se trouva à la tête d'un magnifique escadron capable de rivaliser avec les
anciens. Car, dans cet escadron étaient venus
s'enrôler les fils des familles influentes; et
presque tous ces jeunes gens, habiles cavaliers et parfaitement montés, pleins d'entrain
et d'ardeur, ne cherchaient que l'occasion de
donner des preuves de leur bravoure.

Dès que son escadron fut formé, Abdelal
entra en campagne et fit partie d'une petite
colonne qui avait pour mission de châtier les
tribus rebelles de la subdivision d'Aumale.

Quelques *Aïats*[1] fanatiques continuaient en-

---

1. *Les diseurs*, derniers vestiges des anciens bardes et
trouvères d'autrefois, se divisent en *medahs, gouals* et
aiats. Les *medahs* chantent particulièrement la poésie religieuse, les promesses des compagnons du prophète. Le
goual chante les amours des amants célèbres ; on le désigne
aussi sous le nom de *sahab-el-sena, ami du métier, de la
gaie science.* L'*aïat* a le plus d'analogie avec les bardes
belliqueux de la vieille Irlande ; il est homme de cheval et
de poudre, et possède une voix d'un timbre aigu et d'une
immense portée. Dans la mêlée des combats, il jette des
appels, des excitations scandées et rythmées qui exaltent
jusqu'à la frénésie le courage des guerriers.

core à prêcher la révolte, même après la soumission de Moulaï-Mohammed. La présence de
nos troupes et l'arrestation de quelques-uns de
ces *diseurs* exaltés calmèrent momentanément
l'effervescence insurrectionnelle.

« Dans cette colonne, dit Abdelal, je m'atta-
chai surtout à discipliner ma nouvelle troupe,
de manière à l'avoir toujours dans la main,
chose difficile quand on a sous ses ordres des
cavaliers indigènes. Secondé par de vigoureux
officiers, j'obtins les meilleurs résultats, et,
quand je rentrai à Aumale, trois mois après,

« Véritables clairons humains, dit le général Margueritte,
avec leurs voix de cuivre, ces inspirés de la lutte ont souvent,
comme les héros d'Ossian, déterminé la victoire par leurs
chants énergiques. Les cris, les appels des aïats agissent
sur les nerfs avec un effet semblable à celui que nous produit la charge battue par le tambour; ils donnent cette hor-
ripilation qu'on définit souvent en disant : « avoir la chair de
» poule ». J'ai été soumis à l'action du chant des aïats et me
suis rendu compte de sa stimulante énergie. Les lambeaux
de phrases ou de vers lancés par les aïats dans les moments
décisifs du combat sont des appels aux sentiments élevés, à la
gloire des guerriers, à leurs anciens exploits, quelquefois
même il est fait allusion à l'amour des plus braves pour les
beautés en renom. »

mon escadron nouvellement formé était aussi aguerri et aussi discipliné que ceux d'ancienne formation [1]. »

En 1849, le colonel Canrobert[2], commandant le régiment de zouaves, fut mis à la tête

1. Notes inédites du général Abdelal.

2. *Canrobert* (François-Certain), né à Saint-Céré (Lot) en 1809, sortit de l'école militaire en 1828, fut nommé sous-lieutenant la même année, lieutenant en 1832, et capitaine en 1837, après la prise de Tlemcen et le combat de Sickah. Blessé à l'assaut de Constantine, il fut décoré la même année. Nommé chef de bataillon en 1842, il fut promu lieutenant-colonel en 1845, et colonel en 1847, pour sa brillante conduite et son énergie dans les expéditions du Dahra, de l'Aurès, du Djurdjura, et au siège de Zautcha, général de brigade en 1850, général de division en 1853. Il reçut le commandement de la 1re division de l'armée d'Orient. Blessé à la bataille de l'Alma, il fut nommé commandant en chef après la mort du maréchal de Saint-Arnaud en 1854, sénateur en 1855, maréchal de France en 1856. Lors de la guerre contre l'Autriche, il commanda le 3e corps de l'armée d'Italie. En 1870, dans la guerre contre l'Allemagne, il fut mis à la tête du 6e corps et prit part à toutes les batailles qui eurent lieu sous Metz et fut fait prisonnier avec l'armée de Bazaine. A sa rentrée en France, lors de la résignation de l'armée, il fut nommé président du comité de classement et successivement sénateur du Lot et de la Charente.

de la subdivision d'Aumale. Il avait pour mission de soumettre les tribus établies sur le versant sud du Djurdjura du côté de l'Oued-Sahel. Ces tribus, au nombre de trois : les *Beni-Bourguerdan*, les *Beni-Yala* et les *Beni-Mélikenche*, n'avaient pas voulu reconnaître le gouvernement de la France ; elles occupaient des positions presque inaccessibles dans les montagnes de la Kabylie et, guerrières par excellence, elles étaient décidées à défendre leur indépendance jusqu'à la dernière extrémité. Il fallut trois expéditions pour les réduire et, dans toutes les trois, la victoire ne s'acheta qu'au prix de beaucoup de sang.

« Malgré les obstacles sans nombre qui rendaient la marche de la cavalerie très difficile et très pénible dans ce pays montagneux et fortement raviné, mon escadron, écrit Abdelal, fut un auxiliaire puissant pour le colonel Canrobert, qui, depuis cette époque, m'a toujours honoré d'une affection dont je suis fier. Ma

mission était toujours la même, je devais tourner les positions que l'infanterie attaquait de
front. Dans ces mouvements, je fus souvent
obligé de prendre l'offensive et parfois même,
quand les positions étaient d'un accès trop
difficile, je dus employer le combat à pied,
quoique les cavaliers arabes soient peu pro-
pres à ce genre de combat.

» A la fin d'avril, l'attaque des Beni-Mélikenche montra que, dans les pays les plus
accidentés, la cavalerie peut au besoin tenter
un mouvement offensif. La veille de l'attaque,
le colonel Canrobert, ayant pris ses positions,
réunit dans la nuit les divers chefs de troupe,
leur donna ses instructions et prescrivit d'es-
calader immédiatement les hauteurs occupées par les Beni-Mélikenche.

» Les troupes s'ébranlèrent dans l'ordre
suivant :

» Un bataillon de zouaves d'avant-garde ;
quatre pièces d'artillerie de montagne ; l'escadron de spahis ;

» Un deuxième bataillon d'infanterie ; l'ambulance ;

» Un troisième bataillon d'infanterie formant l'arrière-garde ;

» Les goumiers a u nombre de deux cents environ sous les ordres du lieutenant Beauprêtre [1] marchaient sur le flanc droit de la colonne, à 300 mètres et à hauteur de mon escadron.

» L'ascension se fit dans cet ordre de marche jusque sous les pics les plus élevés où les Beni-Mélikenche avaient construit des murs en pierres sèches se reliant les uns aux autres sur un développement de 1200 à 1500 mètres. Arrivée à mille mètres de l'ennemi, la colonne se massa en trois groupes, composés chacun

1. *Beauprêtre* (Alexandre), sous-lieutenant le 2 décembre 1847, lieutenant le 18 octobre 1849, capitaine le 23 avril 1852, chef de bataillon le 27 juin 1856, lieutenant-colonel le 5 décembre 1859, colonel le 20 août 1863, officier de la Légion d'honneur, fut massacré par les Arabes en 1864. Il passait à juste titre pour le meilleur officier des bureaux arabes de son temps.

d'un bataillon. Pour mon compte, je reçus l'ordre de tourner par la gauche les formidables positions que nous avions devant nous, et de tomber sur l'ennemi au moment où, abordé de front par l'infanterie, il devrait nécessairement abandonner les retranchements.

» Le lieutenant Beauprêtre reçut des instructions analogues pour effectuer le même mouvement par la droite. A un signal donné par le colonel Canrobert, toute la colonne s'ébranle; je fais mettre le sabre à la main à mes hommes et j'exécute mon mouvement tournant au grand trot, et, pendant quelques instants, sous un feu plongeant très nourri, mais par bonheur mal dirigé. J'avais complètement contourné les hauteurs occupées par les Beni-Mélikenche, avant que les colonnes d'attaque fussent arrivées sur les retranchements; je voulus profiter de ce moment de répit pour déployer mon escadron en bataille et le disposer à l'attaque; mais, dans ce terrain tourmenté, il me fut impossible de trouver un emplacement favorable à cette formation. Les Kabyles ne se doutaient pas encore que nous allions les prendre à revers.

» Pendant ce temps, nos bataillons d'infanterie attaquaient les retranchements. L'ennemi s'y défendait avec acharnement; il combattait avec une rage sauvage et, après avoir repoussé avec succès plusieurs assauts, il ne paraissait pas devoir lâcher pied de sitôt. Tout à coup se voyant coupé de sa ligne de retraite d'un côté par mes spahis, de l'autre par les goums, il abandonna ses positions précipitamment et non sans avoir subi des pertes considérables. Tout en fuyant, il chercha à se venger sur mon escadron, qui se trouvait en colonne par quatre, par six ou par huit, dans des sentiers presque impraticables établis sur les bords de ravins escarpés[1]. »

Échelonné, pour ainsi dire, sur les flancs de la montagne, l'escadron d'Abdelal se trouvait

1. Notes inédites du général Abdelal.

donc dans une situation des plus critiques. Si
la tête de la colonne était culbutée, le mouvement de retraite se répercutant de proche en
proche devait occasionner le plus grand désordre, et les chevaux, affolés dans ces sentiers
étroits et rocailleux, auraient été fatalement
entraînés dans les profondeurs des précipices.
Mais la nécessité de vaincre ou de mourir qui
se présente si souvent dans la guerre d'Afrique,
cette alternative qui enfante la panique dans
les mauvaises armées et l'héroïsme parmi les
bons soldats, inspira en cette circonstance à
Abdelal un effort suprême qui fut couronné de
succès.

« A la vue de l'avalanche qui tombe sur moi,
dit-il, je fais le commandement : *Pied à terre!*
et tout le monde se jette à bas de cheval, tenant d'une main le sabre et de l'autre le fusil
chargé. Les chevaux essoufflés par une marche rapide et ascensionnelle restent en place,
paraissant avoir conscience du danger qui les
menaçait. Pendant ce temps, les Kabyles dé-

gringolent en masse des hauteurs que l'infanterie venait d'enlever et sur lesquelles flottait
déjà le fanion du colonel Canrobert. Avant
qu'ils soient arrivés sur mon escadron un feu
d'ensemble les décime ; puis l'escadron entier
se porte crânement en avant. Démoralisés par
notre fusillade meurtrière et surpris de
notre mouvement offensif, les assaillants se
dispersent dans toutes les directions, traver-
sent nos rangs sans chercher à nous enlever
un seul cheval et vont se perdre dans les ravins.

» Mais, en ce moment, un feu très vif par-
tant de deux redoutes occupées par d'autres
contingents met encore mon escadron dans
une position critique. Mes hommes, électrisés
par le petit succès qu'ils venaient d'obtenir,
ne se laissent pas ébranler par cette nouvelle
attaque. Obéissant à ma voix, ils remontent
tous immédiatement à cheval, et je me jette
avec eux, tête baissée, dans les deux redoutes.
Il se livra là une lutte des plus acharnées ; mes

spahis firent des prodiges de valeur, culbutèrent tout ce qui se présenta sur leur passage et mirent l'ennemi dans une déroute complète. Après avoir chassé les Beni-Mélikenche de leurs retranchements, ils les poursuivirent l'épée dans les reins jusqu'au bord des précipices où ces malheureux éperdus se précipitèrent pêle-mêle en invoquant *Si-Abd-el-Kader-el-Djelani* [1].

» L'occupation de ces deux redoutes décida du succès définitif de la journée [2]. »

L'expédition contre les Beni-Mélikenche eut les plus heureuses conséquences. Les *grands* et les *marabouts* de cette tribu demandèrent l'aman et vinrent s'incliner devant le colonel Canrobert. « Que la main fermée qui tient le glaive

---

1. *Si-Abd-el-Kader-el-Djelani* est le plus grand saint de l'Islam ; les musulmans en danger l'invoquent et leur conviction sur l'efficacité et la promptitude de son secours est tellement grande, qu'il est toujours invoqué dans les chutes. A peine le croyant a-t-il dit : *Sa, Sibi-Abd-el-Kader,* que celui-ci est déjà à l'aide et empêche le mal d'arriver... si Dieu le permet !

2. Notes inédites du général Abdelal.

s'ouvre pour laisser tomber la grâce! » dirent-ils à celui dont l'épée les avait rudement châtiés et dont le cœur était toujours enclin à pardonner.

De pareilles expéditions ne se faisaient pas sans éprouver des pertes sérieuses. A la fin de l'année 1849, l'escadron de spahis d'Aumale était décimé; une vingtaine d'entre eux avaient été tués et une trentaine avaient été blessés plus ou moins grièvement. Mais ses pertes furent immédiatement réparées. Abdelal avait su inspirer une telle confiance à ses subordonnés indigènes, que les Kabiles tenaient à honneur de servir sous ses ordres. Aussi les demandes d'engagement étaient-elles toujours plus nombreuses que les places vacantes et par suite il n'avait que l'embarras du choix pour le recrutement de son escadron.

Les années suivantes s'écoulèrent dans un calme relatif. Il n'y eut dans les environs d'Aumale, que quelques expéditions, sans grande importance, dirigées contre certaines frac-

tions de tribu qui ne payaient pas régulière-
ment l'impôt. Le successeur du colonel Canrobert, le colonel d'Aurelle de Paladines [1], qui
commandait lui-même ces petites colonnes
mobiles, suivit la même ligne de conduite que
son prédécesseur, et sut par sa fermeté et sa
justice faire rentrer dans le devoir les Kabyles
les plus récalcitrants.

En 1851, l'escadron d'Abdelal fut cependant
lancé à la poursuite d'un nouveau chérif *Bou-
Bar'la,* qui avait fait son apparition dans les
montagnes de la Kabylie.

Toujours bien renseigné, Abdelal connais-

---

1. *Aurelles de Paladines* (Louis-Jean-Baptiste d'), né à
Malzieu (Lozère) le 9 janvier 1804, mort à Versailles le
7 décembre 1877, fut élève à Saint-Cyr en 1822. Sous-lieutenant le 1er octobre 1824, lieutenant le 26 juin 1830.
Capitaine le 30 décembre 1834. Chef de bataillon le
12 février 1843. Lieutenant-colonel le 22 avril 1847. Colonel le 30 juin 1849. Général de brigade le 22 décembre 1851.
Général de division le 17 mars 1855. Grand-croix de la
Légion d'honneur le 28 décembre 1868. Il fut élu député à
l'Assemblée nationale en 1871. Son nom est devenu célèbre
par la bataille de Coulmiers.

sait le point de refuge de *Bou-Bar'la* et il avait pris toutes ses dispositions pour le surprendre. Mais ces agitateurs ont toujours des amis dans les deux camps. Prévenus de la marche de l'escadron par un *chaouch* du bureau arabe, *Bou-Bar'la* put s'enfuir à temps et échapper ainsi aux atteintes des spahis; mais ce ne fut pas sans encourir les plus grands dangers. Il n'osa plus toutefois reparaître dans les environs d'Aumale.

La brillante conduite d'Abdelal, dans ces différentes expéditions, avait attiré sur lui l'attention et la bienveillance de ses chefs. Il était noté non seulement comme « brave et bon officier [1] » de cavalerie, zélé, intelligent,

---

1. Lorsque le général Trézel apprit qu'Abdelal était proposé pour chef d'escadrons, il lui adressa la lettre suivante :

« Paris, 27 décembre 1851.

» Mon cher capitaine,

» Je vous remercie de votre bon souvenir des temps où vous serviez près de moi; je les ai bien présents aussi, car je ne doutais pas alors que vous ne fissiez une carrière toute

plein d'entrain, d'une infatigable activité, mais
encore comme l'un de ceux « qui devaient
devenir particulièrement utiles par leur parfaite connaissance de la langue arabe et de
l'Algérie». Aussi, malgré son peu d'ancienneté
de grade de capitaine [1], fut-il proposé pour
chef d'escadrons, en 1851, à la suite de sa
vigoureuse marche contre le chérif *Bou-
Bar'la*. Mais il ne fut pas donné suite à ce
mémoire de proposition, qui resta enfoui dans
les cartons du ministère. Ce ne fut que deux
ans plus tard qu'il reçut la juste récompense
due à ses bons services.

En 1852, il demanda à faire partie de l'ex-

honorable non seulement comme un bon et brave officier
de cavalerie, mais encore comme l'un de ceux qui devaient
devenir particulièrement utiles par leur parfaite connaissance de la langue arabe et de l'Algérie.

» ...J'ai appris avec plaisir que vous étiez proposé pour
chef d'escadrons. Au moment où mon témoignage peut
vous être bon à quelque chose, je ne négligerai point de
faire connaître vos excellents services au ministre de la
guerre et quel intérêt affectueux je prends à votre avancement. »

1. *Abdelal* avait été nommé capitaine en 1845.

pédition dirigée contre *Lar-ouat* [1] et commandée par le général Pélissier [2]. Il ne put obtenir cette faveur et vit avec le plus vif regret ses camarades marcher à la conquête des oasis tandis qu'il était condamné à l'inaction.

1. *Lar'ouat* visité d'abord en 1844 par le général Marey-Monge, fut pris d'assaut en décembre 1852.

2. *Pélissier* (Aimable-Jean-Baptiste, duc de Malakoff), né le 16 novembre 1794 à Maromme (Seine-Inférieure), élève de La Flèche, puis de Saint-Cyr en 1814. Sous-lieutenant le 18 mars 1815, lieutenant le 16 août 1820. Capitaine le 8 juin 1828. Chef d'escadrons le 2 octobre 1838. Lieutenant-colonel le 2 novembre 1839. Colonel le 8 juillet 1843. Maréchal de camp le 22 avril 1846. Général de division le 15 avril 1850. Grand-croix de la Légion d'honneur le 24 décembre 1853. Maréchal de France, le 12 septembre 1855, après la prise de Sébastopol, chevalier de Saint-Louis, mourut le 22 mai 1864 comme gouverneur de l'Algérie.

VIII

Abdelal est nommé chef d'escadrons. — Son mariage. —
Guerre contre la Russie. — Abdelal part pour la Turquie ;
il est incorporé dans les bachi-bouzoucks. — Portrait de
cette cavalerie par Abdelal. — Expédition dans la
Dobrutscha : le choléra. — Départ pour la Crimée. — Victoire de l'Alma ; charge héroïque du commandant Abdelal à Balaclava. — Sa brillante conduite pendant la bataille
d'Enkerman. — Il est nommé officier de la Légion d'honneur.
— Différents épisodes de la guerre de Crimée. — Abdelal est nommé lieutenant-colonel du 1er hussards et
président des remontes d'Orient. — Il reçoit plusieurs
décorations étrangères et rentre en France en 1856.

Le 15 janvier 1853, Abdelal fut promu chef
d'escadrons et affecté au 4e régiment de chasseurs d'Afrique, en remplacement du comman-

dant Ressayre [1] nommé lieutenant-colonel. Il n'avait pas encore trente-sept ans. Après avoir rejoint son nouveau régiment à Mostaganem, il obtint un congé de trois mois, pendant lequel il épousa sa nièce, mademoiselle *Mathilde Agoub*, fille d'un ancien mameluk [2] de la garde impériale et nièce du savant orientaliste *Agoub* [3], professeur au collège Louis-le-Grand

1. *Ressayre* (Jean-Jacques-Paul-Félix), né à Castelsarrasin en 1809, engagé volontaire en 1827, brigadier en 1828, sous-officier en 1829, sous-lieutenant en 1835, lieutenant en 1840, capitaine en 1842, chef d'escadrons en 1848, lieutenant-colonel en 1853, colonel en 1855, général de brigade en 1863, général de division en 1870 ; — chevalier de la Légion d'honneur en 1839, officier en 1850, commandeur en 1855, grand officier en 1871.

2. *Agoub* (Gaspard-Joseph), né au Caire le 6 janvier 1791, entra aux mameluks de la garde impériale le 10 novembre 1808, fut décoré le 24 novembre 1814 et retraité l'année suivante à la chute de l'Empire, après avoir reçu quatre blessures.

3. M. de Pongerville, de l'Institut de France, fit paraître en décembre 1832, dans *la France littéraire*, la notice suivante sur l'orientaliste Agoub.

« Aucune époque n'a vu éclaircir plus rapidement le rang des hommes dont le mérite honorait la patrie ; le savant Cuvier, le philosophe Thurot, l'orientaliste de Chézy,

et l'un des membres les plus distingués de la
Société philotechnique.

L'Algérie était alors tranquille ; les tribus
rebelles, vaincues et appauvries, avait fait leur

Rémusat, Saint-Martin et Champollion, dont l'art investi-
gateur arracha les secrets déposés sous les voûtes des Pyramides par les contemporains des Pharaons. Agoub vient
de suivre au tombeau ces hautes célébrités ; il unissait à la
science de l'orientaliste les talents du poète. Né aux lieux
où fut Memphis, le jeune Agoub suivit en France les débris
glorieux de cette armée qui, composée de héros et de
savants, porta des bouches du Nil aux cataractes l'invincible
drapeau de la République. Enfant adoptif de la France, il
lui paya bientôt sa dette de la reconnaissance. A peine âgé
de dix-huit ans, il se distingua par des poésies empreintes
d'un goût exquis et d'une sensibilité profonde. Ce jeune
écrivain, poète et philosophe, cultiva avec un soin extrême
l'arabe, sa langue maternelle. Nul ne fut plus familiarisé
avec l'*arabe vulgaire ;* aussi put-il rendre, comme interprète, d'importants services à la diplomatie et au commerce.
Nommé professeur *de langues* au collège Louis-le-Grand, il
initiait facilement au secret de notre idiome les Égyptiens
que le pacha du Caire envoyait en France comme à la
source de la civilisation. Agoub, qui ne cessait d'allier les
études de l'orientaliste aux inspirations du poète, publia
fréquemment quelques productions originales, ou des tra-
ductions précieuses des poésies arabes. Il avait terminé
depuis quelque temps la traduction entière de l'antique
Bidpaï, et se disposait à la publier, avec une texte original,
que ses savantes recherches avaient rendu plus pur et plus

soumission. Abdelal croyait pouvoir renoncer pour quelque temps à sa vie d'aventure et espérait pouvoir jouir en paix de la vie de famille dont il avait été privé depuis si long-

complet que tous ceux connus jusqu'aujourd'hui. Un travail opiniâtre, des études assidues avaient altéré sa santé : son espoir le plus cher était d'achever l'œuvre importante dont il voulait enrichir notre littérature; il bravait la souffrance, il supportait la fatigue avec une activité qui consumait le reste de ses forces. Cependant il avait aplani les obstacles, il entrevoyait le but, et, pour l'atteindre, il comptait sur le traitement de sa chaire indépendante du ministère des affaires étrangères; on le raya de la liste des professeurs, en ne lui laissant qu'une modique pension.

» Le ministère ne se souvint pas que Agoub était un enfant adoptif de la France, et que la France devait à ce jeune savant une constante protection ; on ne vit en lui que l'étranger sans appui, on l'opprima sans crainte : il réclama au nom de la science ; ses amis réclamèrent avec lui ; l'arrêt était irrévocable. Comme on éprouve de la honte à faire le mal, on y persiste au nom de la nécessité. Services rendus, talents, savoir, tout est immolé à l'amour-propre et à l'intérêt. Ce revers acheva de détruire la santé déjà si faible de l'infortuné professeur. Dans un seul jour, il se voit arracher l'existence honorable acquise par son mérite ; son avenir de gloire lui est fermé. Découragé, souffrant, il veut aller chercher quelques consolations auprès de son frère, négociant à Marseille ; il espère que le ciel de la Provence, en lui rappelant le ciel de sa patrie, lui rendra quelque force et peut-être le courage. Il emmène avec lui sa femme,

temps. Ses espérances ne devaient pas se réaliser. Une expédition, plus terrible et plus meurtrière que celles d'Afrique, l'appela en Crimée quelques mois après ce mariage. A la suite de nombreuses négociations restées infructueuses, la guerre fut déclarée à la Russie[1]

son enfant au berceau, souffrant et faible comme lui. Agoub avait épousé depuis quatre ans l'intéressante fille du colonel Pierre, l'un des braves qui cimentèrent de leur sang l'indépendance de la patrie. Le souvenir de son bonheur passé devient un tourment de plus pour lui dans sa funeste position ; il pressent qu'il va laisser dans un cruel abandon sa femme et son enfant ; le désespoir ajoute au coup mortel qui lui est porté. Il espère encore de retrouver ses inspirations qui allègent sa douleur ; il adresse encore des vers à ses plus intimes amis, Casimir Delavigne et de Pongerville, qui les font lire à la séance publique de la Société philotechnique, dont Agoub était un des membres les plus distingués. Il traçait d'une main défaillante une pièce de vers qu'il ne put achever. Ses nombreux amis le chérissaient et le regrettent amèrement ; ils espèrent que la France n'oubliera pas les services de ce fils d'adoption dont les travaux ajoutent à ses richesses scientifiques, et qu'elle acquittera, envers son intéressante et malheureuse famille, une dette sacrée. »

1. Notre but étant de faire connaître la vie militaire du général Abdelal, nous ne raconterons pas toutes les phases de la guerre de Crimée ; nous ne parlerons que des batailles dans lesquelles Abdelal s'est plus particulièrement signalé.

et le 4e chasseurs d'Afrique fut désigné un des premiers pour prendre part à cette campagne lointaine. Il formait avec le 1er chasseurs d'Afrique, sous les ordres du général d'Allonville [1], la brigade de cavalerie du corps expéditionnaire, tandis que le 6e dragons et le 6e cuirassiers formaient la brigade du corps de réserve sous le commandement du prince Napoléon.

Comme au temps des croisades, des masses armées allaient se précipiter de l'Occident vers ce mystérieux Orient. Le navire qui portait le 4e chasseurs d'Afrique jeta l'ancre dans la belle et paisible rade de Gallipoli, ville des Gaulois, nom prédestiné à recevoir les armées de la France.

Lorsque nos troupes débarquèrent en Tur-

---

1. *Allonville* (Armand-Octavie-Marie d'), né en 1809, servit longtemps en Afrique ; se distingua à la bataille d'Isly et devint colonel du 5e hussards en 1847. Général de brigade en 1851, il fut envoyé en Crimée et promu général de division en 1855 et grand officier de la Légion d'honneur la même année. Il mourut en 1869.

quie, les hostilités avaient déjà commencé; la position de l'armée ottomane dans la Roumélie devenait de jour en jour plus critique; Silistrie était assiégée; les Russes venaient de déboucher dans la Dobrutscha et se préparaient à attaquer l'Hœmus par la route de Schumla.

Le maréchal de Saint-Arnaud [1] voit de suite la position périlleuse de l'armée ottomane; il ordonne le transport immédiat de l'infanterie à Varna, tandis que la cavalerie est dirigée sur ce point au travers des Balkans.

A notre approche, les Russes repassent le Danube. Quelques *sotnias* de Cosaques continuent seules à jeter des hordes d'éclaireurs

---

1. *Saint-Arnaud* (Achille-Leroy de), né à Paris en 1798, entra en 1815, aux gardes du corps, alla en 1822 combattre pour la cause des Hellènes et ne rentra au service qu'en 1831; fut attaché en qualité d'officier d'ordonnance au général Bugeaud et fut chargé en 1832 d'accompagner la duchesse de Berry à Palerme. Passé en Afrique en 1837, il se distingua dans maints combats et parvint rapidement au grade de général de division. Placé à la tête du ministère de la guerre en 1851, il reçut le bâton de maréchal de France en 1852, et fut nommé commandant en chef de l'armée de Crimée, où il mourut en 1854.

qui tiennent nos avant-postes en éveil. Le maréchal de Saint-Arnaud forme le projet d'opposer à ces hardis cavaliers, des hommes non moins entreprenants. La cavalerie irrégulière d'Omer-Pacha avait appelé son attention; ces troupes formées de musulmans fanatiques, accourues volontairement à la défense de l'empire, étaient le fléau de la Bulgarie, où elles ne vivaient que de brigandage. Le pillage et le meurtre étaient les seuls exploits qui eussent signalé leur présence dans ces contrées où n'avait pas encore pénétré l'ennemi! Tous les efforts du *muschir* pour discipliner ces hordes avides avaient été impuissants, et jusqu'alors elles n'avaient cessé de ruiner et d'ensanglanter les provinces qu'elles étaient chargées de défendre. Le maréchal crut pouvoir arrêter ce désordre en donnant une organisation militaire à ces milices turbulentes; il voulait les convertir en régiments de cavalerie irrégulière, c'est-à-dire changer ces brigands en soldats.

Le général Yusuf avait été appelé d'Afrique
pour prendre le commandement d'une colonne
volante chargée de harceler continuellement
l'ennemi. Ce fut à lui que fut confiée cette
tache ingrate et difficile. Ces bandes, connues
sous le nom de *bachi-bouzoucks*, pouvaient
avoir un effectif de 14000 chevaux. Le maréchal avait obtenu de la Porte l'autorisation
d'en enrégimenter quatre mille. Yusuf dut
donner à ces quatre mille cavaliers, appelés
spahis d'Orient, l'organisation que nous avions
introduite en Algérie pour la cavalerie indigène. Il ne dissimula point au maréchal les
difficultés que lui présentait une telle mission; il l'accepta néanmoins et se mit immédiatement à l'œuvre avec une énergie que
ne découragèrent ni les ennuis ni les obstacles.

Yusuf eut l'autorisation de désigner les officiers qui devaient servir sous ses ordres et
son choix se porta naturellement sur ceux
dont il avait apprécié la bravoure et l'entrain.

Abdelal fut choisi un des premiers, mais il n'accepta pas sa nouvelle position avec enthousiasme; car voici la manière dont il parle des bachi-bouzoucks :

« Rien ne peut donner une idée de leur composition. C'était un ramassis d'aventuriers venus de tous les pays où règne l'islamisme : de l'Algérie, de la Tunisie, de la Tripolitaine, de l'Égypte, de la Turquie, de la Syrie, même de l'Inde. Il y avait aussi des chrétiens de la Grèce, de la Géorgie, de la Circassie et des coureurs d'aventures venus de toutes les contrées de l'Europe.

» Tous se valaient, quelle que fût leur origine : c'étaient des gens de sac et de corde, sur le courage desquels on avait tort de compter; enrôlés par l'appât du pillage et l'espérance d'une victoire qu'ils croyaient certaine, ils devaient se montrer aussi lâches dans la défaite qu'ils avaient été féroces dans le succès.

» Les cadres étaient bons; le général Yusuf

avait autour de lui des officiers d'élite, pris dans tous les corps de l'armée française, et aussi quelques joyeux viveurs échappés de Paris, hardis compagnons, pleins d'illusions, braves jusqu'à la témérité et qui espéraient accomplir des exploits homériques avec leurs bandes qu'ils supposaient composées de héros.

« J'étais loin, pour ma part, de partager leur enthousiasme pour les bachi-bouzoucks. Aussi n'est-ce qu'à mon corps défendant et par affection pour le général Yusuf que je cédai aux instances du général en chef. Je quittai donc le 4ᵉ chasseurs d'Afrique, mais je tins à compter toujours à mon ancien corps et je ne voulus pas accepter dans les bachi-bouzoucks le rang et les appointements de général [1]. »

Tandis que l'armée attendait impatiemment l'ordre de se porter en avant, le choléra, qui avait déjà fait de nombreuses victimes à Malte,

1. Notes inédites du général Abdelal.

au Pirée et à Gallipoli, éclata subitement dans les hôpitaux de Varna. Ses progrès furent aussi rapides que ses ravages furent affreux. La présence du fléau fit sentir plus vivement aux chefs la nécessité d'éloigner les troupes du campement qu'elles occupaient. Dès lors un débarquement en Crimée et une attaque contre Sébastopol furent admis en principe. Mais, devant la nécessité de subordonner l'exécution de ses projets à la cessation de l'épidémie, le maréchal de Saint-Arnaud voulut occuper tout de suite l'esprit de ses soldats par une diversion puissante.

Les Russes avaient laissé, dans les environs de Matchia, Mathie, Toutcha et Babadagh, divers corps de troupes formant un effectif de dix mille combattants, appuyés par trente pièces de canon. Le général Yusuf reçut l'ordre d'enlever ou de disperser cette partie des forces ennemies. Cette pointe hardie dans la Dobroutcha devait être appuyée par les trois divisions de l'armée française. Nos troupes s'avancèrent lentement, à travers ces plaines monotones, où elles étaient forcées de se frayer une route dans les herbes épaisses et entrelacées qui s'élevaient souvent jusqu'à la ceinture de nos soldats ; le soleil torride qui dardait ses rayons sur ces steppes dénudés ajoutait encore aux fatigues de ces marches pénibles.

Arrivé à Kustendjé, le 28 juillet, Yusuf aperçoit des avant-postes de cavalerie russe. Le mouvement commandé pour enlever un de ces piquets de cavalerie, amène un combat assez vif entre une sotnia de Cosaques et un détachement de spahis. Le capitaine du Preuil [1], enveloppé avec une trentaine de bachi-bouzoucks, tombe percé de neuf coups

---

1. *Preuil* (Marguerite-Jacques-Vincent-Octave du), né en 1819, sous-lieutenant en 1841, lieutenant en 1844, capitaine en 1849, chef d'escadrons en 1854, lieutenant-colonel en 1859, colonel en 1861, général de brigade en 1855 et général de division en 1870, fut nommé chevalier de la Légion d'honneur en 1855, officier en 1864, commandeur en 1868, grand officier en 1880.

de lance sous le cadavre de son cheval; mais ses cavaliers se battent avec une telle résolution et une telle vigueur qu'ils parviennent à le dégager et à regagner leur corps, emmenant même quelques prisonniers [1].

Enthousiasmé par la bravoure que ce détachement avait déployée dans cette rencontre, le général résolut de se porter en avant et d'attaquer vivement l'ennemi. Le lendemain, un choc très vif eut lieu à Karnosani : Yusuf manœuvra de manière à attirer un corps nombreux de Cosaques dans une position où il fût certain de le vaincre; n'ayant pu triompher de sa prudente circonspection, il le fit attaquer par deux régiments de bachi-bouzoucks. Abdelal chargea à leur tête avec son entrain habituel. Les Cosaques les attendirent de pied ferme; après un court engagement de masse à masse, ils plièrent et se retirèrent sur Babadagh, mais en cédant le terrain pas à

1. Histoire de l'armée et de tous les régiments.

pas et sans désordre. Cette résistance froide et opiniâtre désorienta les assaillants et calma les ardeurs guerrières de bien des bachi-bouzoucks, qui, sous prétexte de poursuivre les cavaliers isolés, prirent la fuite et ne rejoignirent jamais leur corps.

Dans la nuit qui suivit cette rencontre, le choléra redoubla d'intensité : cinq cents de nos soldats qui s'étaient jetés sur le gazon, joyeux et brûlants de la ferveur du combat, restèrent couchés pour toujours sur ce sol perfide. La marche en avant devenait impossible. On attendit le lever du jour pour battre en retraite et retourner à Kustendjé. « Les bachi-bouzoucks, écrit Abdelal, ne furent pas épargnés et payèrent largement leur tribut au fléau. Ils se montrèrent alors avec tous leurs défauts, et les illusions qu'on avait eues sur leur compte disparurent bien vite. On ne peut rien imaginer d'aussi lugubre que cette retraite à travers les marais empestés de la Dobrutscha. Chaque matin, c'était par centaines que l'on comptait les cadavres des malheureux foudroyés pendant la nuit. J'eus la bonne fortune de ne pas être indisposé un seul instant.

» L'armée avait perdu le tiers de son effectif quand elle rentra à Varna, le 15 août, vingt-cinq jours après son départ. Les bachi-bouzoucks partis six mille restaient environ cinq cents. Tous les autres n'étaient pas morts; mais un grand nombre d'entre eux, déçus dans leurs espérances, avaient profité du désordre pour déserter. Le corps des bachi-bouzoucks fut immédiatement licencié et, à ma grande joie, je rentrai à mon régiment[1]. »

Le 18 août, la brigade de chasseurs d'Afrique repassait les Balkans et allait s'établir à Eydos. Dans les premiers jours de septembre, elle s'embarquait à destination de la Crimée et débarquait le 15 du même mois sur la plage du Vieux-Port.

---

1. Notes inédites du général Abdelal.

Après la victoire de l'Alma, remportée sur les Russes, l'armée alliée marcha sur Sébastopol et ouvrit le feu sur la place le 17 octobre. On croyait entrer dans la ville le soir même; les colonnes d'assaut étaient formées, la brigade de chasseurs d'Afrique était à cheval. Mais Sébastopol résista à l'attaque combinée des armées et des flottes alliées. Ce premier échec eut pour résultat de faire changer les dispositions qui avaient été prises. On ne songea plus dès lors qu'à donner à l'attaque les bases et les développements qui devaient en assurer le succès. Le siège de Sébastopol fut décidé; les armées obsidionales prirent leurs positions et les travaux de sape reçurent de suite la plus vive impulsion.

Le 25 octobre, l'armée russe prend l'offensive. Le prince Menschikoff voulait s'emparer des quatre redoutes qui étaient occupées par les Turcs et qui dominaient la vallée de Kamora sur l'aile gauche de l'armée anglaise. Il tenait à occuper cette position, parce que, de là, il menaçait à la fois la ligne de la Tchernaïa et les communications entre l'armée anglaise et le port d'où elle tirait ses armements, ses munitions et ses approvisionnements.

Attaquées à l'improviste, les troupes turques abandonnent les redoutes presque sans coup férir. Lord Raglan se porte de suite à leur secours et le général Canrobert donne l'ordre au général Bosquet[1] d'appuyer le mouvement de l'armée anglaise avec toute sa division et la brigade de chasseurs d'Afrique. Notre cavalerie escalade au galop les hauteurs et s'établit de manière à garder le col traversé par la route de Balaklava; lorsqu'elle arrive

1. Le maréchal Bosquet, né à Mont-de-Marsan en 1810, entra à l'École polytechnique, servit pendant vingt ans en Afrique, y gagna rapidement ses grades; devint en 1843 général de division, fut, lors de l'expédition de Crimée (1854), mis à la tête de la 2e division d'infanterie, se fit remarquer par d'habiles manœuvres à la bataille de l'Alma, décida la victoire d'Inkermann, fut ensuite nommé commandant de corps d'armée, prit une part glorieuse à la prise de Sébastopol et fut, à son retour, nommé sénateur, puis maréchal de France.

sur le plateau de Chersonèse, les escadrons
se déploient en bataille, le dos tourné au port
et la droite appuyée au télégraphe. « Ils se
trouvaient ainsi placés aux premières loges,
dit Abdelal, pour voir le choc des cavaleries
ennemies [1]. » Pendant ce temps, les divisions
du général Cathcart et du duc de Cambridge
prennent position sur les pentes du plateau,
et les *highlanders* suivis de la cavalerie s'élan-
cent sur la route de Balaklava jusqu'à l'entrée
de la plaine. La cavalerie russe tente vainement
d'arrêter ce mouvement : rompue, écrasée,
elle prend la fuite vers ses premières positions.

La défaite de ses vaillants escadrons décide
le général Liprandi à retirer les troupes qu'il
avait placées dans les redoutes les plus voisines des lignes ennemies ; mais il donne l'ordre
d'emmener les bouches à feu que l'artillerie
anglaise avait établies sur ces positions. Les
préparatifs des Russes pour l'exécution de cet

1. Notes inédites du général Abdelal.

ordre ayant appelé l'attention de lord Raglan, celui-ci veut à tout prix empêcher l'enlèvement de ces pièces, qui devenaient des trophées dans les mains des Russes; il fait avancer rapidement sa cavalerie sur le front de l'ennemi. Ce mouvement devait avoir les résultats les plus désastreux pour la cavalerie anglaise. Par suite du mouvement de concentration ordonné par le général Liprandi, le front de l'armée russe se trouvait alors au fond de la vallée de Kamora, couvert par une artillerie nombreuse, tandis que ses ailes occupaient les collines formant les deux versants du bassin. Malgré le désavantage de la position et la difficulté de l'entreprise, lord Cardigan n'hésite pas et s'élance hardiment à la tête de ses magnifiques escadrons contre l'armée ennemie.

« Aussitôt, rapporte Abdelal, de nombreuses batteries russes viennent prendre position sur les hauteurs qui dominent cette vallée étroite et, quand les Anglais cherchent à regagner Balaklava, elles les couvrent de projectiles; une

de ces batteries, qui commande exactement la
sortie du défilé, sème la mort dans les rangs
anglais et force les escadrons à s'arrêter. En
vain les cavaliers font des prodiges de valeur,
ils ne peuvent avancer; tous semblaient con-
damnés à mourir sur place.

» La brigade du général d'Allonville, qui as-
sistait à cette véritable tuerie, était en bataille
en arrière et à droite de cette batterie. Il fallait à tout prix faire taire ces bouches à feu,
au moins pendant un instant, pour permettre
aux débris de la cavalerie anglaise de se rallier
et de revenir sur ses pas. Les deux régiments
de chasseurs d'Afrique se forment de suite en
colonne par escadron à distance entière et
s'avancent au grand trot; arrivés à hauteur
de la batterie, ils font escadrons à gauche et
se portent franchement sur l'artillerie russe.

» Je commandais alors les 3ᵉ et 5ᵉ escadrons
du 4ᵉ régiment de chasseurs d'Afrique; mais
je n'avais ce jour-là qu'un de mes escadrons
sous mes ordres (le 3ᵉ escadron, capitaine

Mouton, était de service auprès du général Bosquet). J'étais à l'aile gauche de la ligne de bataille et le plus rapproché des Russes. Dès que l'ennemi eut deviné nos intentions, il dirigea tout son feu sur nous et laissa un moment de répit aux Anglais. Notre but était atteint.

» Pour ne pas lancer toute sa cavalerie à la charge, le général d'Allonville, accompagné de son officier d'ordonnance, le capitaine de la Jaille[1], vint à moi au galop, me donna l'ordre de prendre les devants et de courir, coûte que coûte, sus aux pièces. Je gravis au trot les pentes du plateau sur lequel les batteries russes étaient en position et, arrivé sur la crète, je me lançai résolument à la charge avec le seul escadron que j'avais avec moi.

1. *Jaille* (François-Claude-Louis de la), né à la Baie-Mahaut (Guadeloupe) en 1822, entré à Saint-Cyr en 1841, sous-lieutenant en 1843, lieutenant en 1847, capitaine en 1850, chef d'escadrons en 1856, lieutenant-colonel en 1860, colonel en 1864, général de brigade en 1870 ; commandeur de la Légion d'honneur.

» La batterie de droite avait déjà attelé, avant notre arrivée sur le plateau. Les autres, en nous voyant prêts à charger, suivent son mouvement et toutes prennent la route de Sébastopol, couvertes par l'infanterie de soutien qui formait ses carrés en arrière d'elles pour protéger leur mouvement rétrograde. Mon escadron, vigoureusement conduit, traverse le premier bataillon, qui marchait en colonne double, tombe sur un deuxième bataillon déjà formé en carré, l'enfonce et l'oblige à battre en retraite. J'eus l'heureuse chance de ne pas être touché, mais mon escadron fut décimé; il perdit un grand nombre de chasseurs et le capitaine Dougla. Presque tous les chevaux des officiers furent tués. La charge dura à peine une minute et demie, mais elle produisit le résultat attendu : les débris des escadrons anglais purent sortir du défilé par l'issue qui leur était ouverte et rentrèrent dans nos lignes.

» Le général d'Allonville, à la tête du reste de la brigade de chasseurs d'Afrique, avait appuyé le mouvement ascensionnel qui précéda la charge, jusqu'à l'endroit où je me précipitai sur les batteries russes. Là, il lança une division du 2ᵉ escadron pour me servir de soutien. Cette division, qui eut quelques chasseurs et un officier tués, **ne me rejoignit pas;** elle ne chargea pas à fond et se rallia sur le gros de la brigade, qui descendit dans la plaine dès que mon attaque fut prononcée et accomplie.

» Après la charge, je ralliai mes hommes dans un pli de terrain situé au-dessous de l'endroit occupé par le carré russe; et, tandis que je préparais un retour offensif, le général Morris[1] me donna l'ordre de rentrer précipi-

1. *Morris* (Louis-Michel), né en 1803, sortit de l'École polytechnique en 1823, entra dans la cavalerie, passa en Algérie en 1837, comme chef d'escadrons de chasseurs d'Afrique, dont il devint colonel en 1843, et se signala par son intrépidité notamment au combat de Kommis, à la prise de la smala d'Abd-el-Kader et à la bataille d'Isly; maréchal de camp en 1847 et général de division en 1853, il prit part à la campagne de Crimée et à la guerre d'Italie, et fut mis en 1863 à la tête de la cavalerie régulière et des établissements hippiques de l'Algérie. Il mourut en 1867.

tamment. Je ramassai mes blessés et je rejoignis ma brigade en marchant au pas et dans l'ordre le plus parfait.

» Cette charge, une des plus vigoureuses que j'aie poussées dans ma longue carrière, fut le dernier acte du combat de Balaclava[1]. »

Tel fut le dernier incident de cette journée, incident héroïque pour notre cavalerie, mais dont la gloire ne pouvait compenser les pertes sanglantes de l'armée anglaise.

Le commandant Abdelal fut récompensé pour sa belle conduite par une proposition pour la croix d'officier de la Légion d'honneur et par les félicitations unanimes de ses camarades et de ses chefs. Il reçut aussi, le soir même, des marques de sympathie de la part de tous les officiers de la cavalerie anglaise, et le *Morning Herald* fit son éloge en termes des plus flatteurs qui furent reproduits par la presse anglaise et française.

---

1. Notes inédites du général Abdelal.

Le 5 novembre, jour de la bataille d'Inker-
man, le commandant Abdelal, dont on connaissait le sang-froid et l'énergie au milieu du
du danger, eut pour mission d'occuper un
poste des plus périlleux. Pendant cette bataille,
qui défie toute description et qui semble
échapper par son caractère à tous les antécé-
dents connus, à toutes les lois stratégiques,
tandis que les Anglais et les Russes accomplis-
sent une série d'actes d'héroïsme terribles, de
combats corps à corps, de ralliements décou-
ragés, d'attaques désespérées ; au milieu de
cette longue suite d'assauts où les masses vic-
torieuses sont aussitôt repoussées par le retour impétueux de colonnes d'abord vaincues ;
dans ce flux et reflux torrentueux où les Anglais,
momentanément refoulés dans leur camp,
rejettent ensuite les Russes sur les pentes
conquises, le commandant Abdelal fut chargé,
jusqu'à l'arrivée de l'infanterie, de la garde
d'un col littéralement balayé par les projectiles
ennemis. La mitraille faisait à chaque instant

des victimes dans les rangs de ses escadrons.
Malgré cela, il resta pendant deux heures
exposé au feu écrasant de l'artillerie, ne voulant pas abandonner son poste ou s'en éloigner
même de quelques pas. Son attitude ferme
et son mépris apparent de la mort inspiraient
la plus grande confiance à ses hommes. Mais
l'immobilité pesait à ces cavaliers pleins d'entrain. Plusieurs fois des trépignements d'impatience se firent entendre, lorsqu'un boulet
venait frapper un de ces vaillants chasseurs
d'Afrique. Abdelal leur parlait alors avec tant
de calme et d'assurance que ses paroles apai-
saient aussitôt la fougue des plus emportés et
ranimaient le courage des plus hésitants. « Les
deux escadrons de chasseurs d'Afrique, disait
le général Canrobert, ont mérité ce jour-là
l'admiration de toute l'armée ! »

Le 20 décembre, le 6ᵉ dragons et le 4ᵉ régiment de chasseurs d'Afrique, sous les ordres
du général d'Allonville, furent chargés de
reconnaître les positions occupées par l'en-

nemi. Ils débouchèrent dans la vallée de Camara par la gorge de Balaclava, dont ils par-
coururent au trot les pentes de l'extrême droite.
Les deux escadrons du commandant Abdelal
formaient l'avant-garde de cette reconnaissance. Les anciennes redoutes, enlevées par
les Russes dans l'attaque du 25 octobre, furent
couronnées par nos tirailleurs et la brigade
s'avança jusqu'au fond de la vallée. Les Russes
n'y avaient laissé qu'un poste perdu qui se
retira en faisant un feu inoffensif sur les chasseurs d'Afrique. La reconnaissance terminée,
tandis que nos régiments effectuaient leur retour, un corps russe formé d'infanterie et de
cavalerie légère se présenta sur les hauteurs
opposées; mais, devant l'attitude des deux
escadrons du commandant Abdelal, qui formaient alors l'arrière-garde, ils n'osèrent pas
inquiéter la marche de la brigade.

Le 30 décembre, une nouvelle reconnaissance commandée par le général Morris, et
composée de dix bataillons d'infanterie, onze

escadrons de cavalerie et deux batteries d'artillerie, fut dirigée sur le côté droit de la vallée de Camara et dans celle de Baïdar. Après avoir traversé un ravin où elle ne rencontra aucun autre obstacle que les difficultés du terrain, la reconnaissance atteignit la vallée de la Tchernaïa, dont elle traversa la rivière, malgré le feu de deux batteries de position et un corps de Cosaques assez nombreux. Notre batterie à cheval fit taire les canons russes, et les Cosaques se dispersèrent sous la charge d'un des escadrons de chasseurs d'Afrique du commandant Abdelal. Cet engagement rendit l'ennemi prudent et la reconnaissance put atteindre son but.

Le 2 juin 1855, la division d'Allonville fut chargée d'une autre reconnaissance dans la vallée de la Tchernaïa. Arrivée au moulin Teilion, elle rencontra un parti de Cosaques qui disparut dans les halliers à l'approche des escadrons du commandant Abdelal.

Comme on vient de le voir, cet officier cherchait toutes les occasions de se mesurer avec l'ennemi et avait toujours la bonne fortune de sortir victorieux du combat. Aussi les récompenses ne lui firent pas défaut : six mois après sa nomination au grade d'officier de la Légion d'honneur, il fut promu lieutenant-colonel et placé au 1er régiment de hussards en remplacement de M. Simon de Lamortière[1], nommé colonel du 4e hussards. Flatté sans doute du rapide avancement qui lui était donné, il n'abandonna pas cependant sans le plus vif regret la division des chasseurs d'Afrique; il lui en coûtait de se séparer de ses anciens compagnons d'armes, auprès desquels il avait combattu si longtemps !

Le 1er régiment de hussards faisait partie d'une division mixte formée d'infanterie et de

1. *Simon de Lamortière* (Charles-François-Henri) né à Versailles en 1809, entré à Saint-Cyr en 1828, sous-lieutenant en 1830, lieutenant en 1833, capitaine en 1838, chef d'escadrons en 1847, lieutenant-colonel en 1852, colonel en 1855, général de brigade en 1864 ; commandeur de la Légion d'honneur.

cavalerie sous les ordres du général d'Allonville. Ce corps d'observation avait dressé ses
tentes dans les abondants pâturages de la
vallée de Baïdar. Abdelal ne resta que quelques jours dans son nouveau corps; il fut détaché de son régiment et nommé président des
remontes d'Orient. A partir de ce moment, il
ne prit part à aucun des combats qui signalè-
rent la dernière période du siège de Sébastopol. Il conserva ses nouvelles fonctions jusqu'à la fin de la campagne et sut encore rendre
de nombreux services, malgré les difficultés
que lui présentait sa tâche. Resté des derniers
sur le sol de la Crimée, il ne rentra en France
que le 2 août 1856, en même temps que le
maréchal Pélissier.

Outre la croix d'officier de la Légion d'honneur, Abdelal rapportait la croix d'officier de
l'ordre du Medjidié et la médaille de la Valeur
militaire de Sardaigne.

« Je dois avouer, écrivait-il, que, pendant
cette longue campagne de trente mois, je n'ai

pas éprouvé un seul instant d'ennui. J'ai toujours su trouver des distractions dans les moments les plus difficiles, et, grâce à ma bonne humeur, j'ai toujours vu la gaieté régner autour de moi.

» Je n'ai donc conservé de cette guerre, si terrible pour tant d'autres, que les souvenirs les plus agréables. »

IX

Abdelal rejoint son régiment à Chartres. — Son séjour en
France. — Il est nommé colonel du 1er spahis (1859). —
Situation morale de ce régiment. — Insurrection de 1864.
— Colonne Yusuf ; appréciations sur ce général. — Combat
d'Aïn-Malakof. — Soumission des révoltés. — Abdelal est
nommé commandeur de la Légion d'honneur. — Ré-
formes apportées dans son régiment. — Projet de réorganisation des spahis.

Le lieutenant-colonel Abdelal, de retour
en France, obtint un congé de trois mois
qu'il passa à Marseille au milieu de sa famille.
Ce temps de repos lui était bien dû. Il alla
ensuite rejoindre son régiment, le 1er hussards, à Chartres, où il connut pour la pre-

mière fois la vie de garnison. Depuis son entrée au service, il avait toujours été en campagne, et, lorsque, par hasard, il était entré dans une ville de l'Algérie, son séjour n'y avait jamais été de longue durée ; on lui laissait à peine le temps de se préparer à une nouvelle expédition.

Il profita des loisirs de la paix pour compléter ou plutôt pour refaire son instruction militaire singulièrement négligée jusque-là. Les différents règlements et les exercices sur le terrain de manœuvres lui étaient à peu près inconnus ; il n'avait jamais eu ni le temps, ni les moyens de les mettre en pratique, s'étant toujours trouvé à la tête de troupes irrégulières comme les spahis de cette époque. Mais, plein d'amour-propre et désireux d'être promptement à la hauteur de ses nouvelles obligations, il se mit résolument à l'étude. On le vit suivre attentivement l'instruction des recrues, s'immiscer dans les plus petits détails du service, et bientôt son habitude du commandement et sa grande facilité d'assimilation vinrent combler les lacunes qui existaient forcément dans son instruction militaire. Ses efforts avaient été couronnés de succès.

Le 1er régiment de hussards ne resta pas ongtemps à Chartres. Comme toutes les troupes revenant de Crimée, il fut envoyé à Paris, où il passa dix-huit mois. Il fut ensuite désigné pour aller tenir garnison à Tarbes. Cette route, à travers la France, dans la riante vallée de la Loire et le fertile bassin de la Garonne, laissa le plus agréable souvenir au lieutenant-colonel Abdelal. Il rappelait souvent les impressions de ce premier voyage dans son pays d'adoption et ses observations sur les habitants des différentes provinces qu'il avait traversées étaient pleines d'esprit et d'originalité.

Apprécié et bien noté par son colonel et tous ses supérieurs, il eut la satisfaction d'être proposé pour le grade de colonel à l'inspection générale de 1858, et, le 4 juin 1859, il fut nommé colonel du 1er régiment de spahis.

« Ce n'était point, dit-il, le hasard du tableau d'avancement qui m'envoyait à ce régiment. L'année précédente, quelques irrégularités s'étaient produites dans l'administration du corps par suite d'un manque de surveillance rendue bien difficile, du reste, par les complications de la comptabilité dans les smalas et par la dispersion du régiment dans toutes les parties de la province. Ces irrégularités administratives commençaient à prendre un caractère délictueux, quand on les découvrit. Il fallut employer des moyens énergiques pour les faire disparaître[1]. Je parus au ministre de la guerre devoir être l'homme qu'il

---

1. « Les mauvais comptables, dit le général Hulot, dans ses *Souvenirs militaires*, peuvent être comparés aux grains de poudre avides d'humidité qui, en séjournant longtemps dans des dépôts malsains, et dans les mêmes barils, se pelotonnent faute de jour et finissent par avarier les autres et mettre toute la poudre hors de service. »

fallait pour remettre sur son ancien pied le
1ᵉʳ régiment de spahis[1].

« Malgré les pénibles circonstances dans lesquelles j'y revenais, j'avoue que ce n'est pas sans
orgueil que j'allai prendre, à vingt-deux ans
d'intervalle, le commandement du régiment
dans lequel j'avais débuté comme simple cavalier, et où j'avais, pendant sept ans, commandé
un escadron. J'y trouvai d'anciens camarades et
de vieux soldats qui m'avaient connu aux
débuts de ma carrière. C'est grâce à leur concours et à leur zèle à tous que je parvins à
mener à bonne fin la tâche qui m'était confiée.
Elle était difficile sans doute ; mais, si, d'une
part, ma connaissance complète de l'organisation et de l'administration des spahis me fut
d'un grand secours en cette circonstance,
d'autre part, la confiance que m'accordèrent

1. Nous avons cité textuellement les paroles du général
Abdelal (quoiqu'elles soient *ad majorem sui gloriam*), afin
de mieux faire connaître son caractère. Ce ton un peu em-
phatique et prétentieux prouve qu'il commençait à être
grisé par l'avancement rapide dont il avait été l'objet.

immédiatement tous mes subordonnés, français et indigènes, et l'attachement que me vouèrent ces derniers dont je parlais la langue et dont j'avais si longtemps porté le costume, m'aidèrent puissamment dans la réussite de mon entreprise. En moins de deux ans, le cadre était reconstitué et ne comprenait que des officiers d'élite ; la discipline était rétablie, l'administration régulière, et les généraux et intendants inspecteurs se plaisaient, dans leurs ordres, à faire l'éloge de l'un et de l'autre[1]. »

Cette appréciation n'est-elle pas trop sévère et entachée d'exagération ? Tout porte à le croire. Quoi qu'il en soit, il est incontestable que le colonel Abdelal était plus à même que tout autre de commander un régiment de spahis ; il avait presque toujours vécu au milieu d'eux ; leurs mœurs, leurs habitudes, leurs qualités et leurs défauts lui étaient connus, et,

[1]. Notes inédites du général Abdelal.

par suite, il lui était facile de les diriger
d'une manière sûre. Du reste, les Arabes le
considéraient comme un des leurs et n'a-
vaient pas vis-à-vis de lui cette défiance
qu'ils manifestent à l'égard de tout Français.

« Jusqu'en 1864, rapporte le général Abdelal, je pus consacrer à peu près tout mon
temps à la réorganisation et à l'instruction de
mon régiment. Il n'y eut pas d'expédition
dans la province d'Alger jusqu'à cette époque,
sauf une colonne mobile qui opéra, en 1861,
sous mon commandement, dans les Ouled-
Naïl, pour faire rentrer les impôts qui
n'avaient pas été payés d'une manière régulière. »

En 1864, la lutte entre la croix et le
croissant, entre le progrès et le *stabilisme* re-
commença et prit bientôt des proportions in-
quiétantes, sous la direction de Sidi-Moha-
med Ould-Hamza chef de la puissante tribu
des Ouled-Sidi-Ech-Chikh. Les Arabes lèvent

l'étendard de la révolte chaque fois qu'ils en trouvent l'occasion[1]. Les causes de ces insurrections sont toujours les mêmes : l'amour de la poudre et des aventures, la passion du butin et principalement la défense de l'islamisme. Mais, en 1864, les musulmans furent surtout entraînés par Si-Hamza, descendant de Sidi-Ech-Chick, c'est-à-dire du plus grand saint de notre Sahara algérien, pour lequel ils ont une vénération et un amour que ses *khoddam*, ou frères de son ordre, poussent jusqu'au fétichisme. Car il ne faut pas se faire d'illusion : toutes les fois que les indigènes rencontreront un chef, présentant quelque surface, qui les appellera à la révolte, ils le suivront, quelles que soient les forces dont nous pourrons disposer, et cela parce que leur désir le plus ardent, le plus opiniâtrément nourri, le plus constant est de nous voir repasser la mer;

1. L'Algérie était alors dégarnie de troupes; la plus grande partie des régiments d'Afrique avaient été envoyés au Mexique.

parce qu'ils attendent et qu'ils espèrent ce moment de toute la force de leurs aspirations ; parce qu'ils ne doutent pas que l'heure de notre retraite n'arrive un jour ou l'autre, quand Dieu trouvera que leur châtiment est suffisant et qu'il jugera utile de leur rendre cette portion de la terre de l'Islam que nous occupons[1] ; enfin, parce qu'il n'y a rien de commun entre eux et nous, malgré le demi-siècle de notre occupation. Il y aura toujours antagonisme entre les Arabes et les Français juxtaposés sur la terre d'Afrique. Cette situa-

---

1. Un de nos meilleurs et des plus intelligents officiers indigènes, le lieutenant Amo-Ould-Medjadgy, du 2ᵉ spahis, qui avait vaillamment combattu dans nos rangs, nous disait, en janvier 1866, au camp d'Aïn-Temouflet :

« Je suis dévoué à la France et je ne lui ai jamais marchandé mes services ; car, de moi qui n'étais rien, vous avez fait quelque chose. Eh bien, malgré cela, je vous le dis franchement, pendant la dernière insurrection, mon cœur n'était pas avec vous ; il était avec ceux que ma reconnaissance et mon devoir m'ordonnaient de combattre. Que voulez-vous ! ce sont mes frères, ce sont des musulmans... Ce qui me console d'avoir fait mon devoir, c'est qu'ils n'étaient pas dans la voie droite, puisqu'ils n'ont pas réussi. »

tion ne provient pas seulement de l'antipathie du musulman pour le chrétien, de la diversité des races ou de la différence de religion; elle est la conséquence logique, inévitable des sentiments de haine que nourrit tout peuple conquis à l'égard du peuple conquérant.

Bien que sans cohésion et sans homogénéité, la société musulmane, répandue sur la surface de l'Asie et de l'Afrique, n'en est pas moins extrêmement puissante, et, si tous ces îlots de populations mahométanes ne sont point reliés par le lien de la nationalité politique, ils le sont, et très solidement, par celui de la nationalité religieuse. *La Mekke* est la capitale du monde musulman. C'est là que les peuples du Coran viennent se retremper; c'est là que les fanatiques se font affilier à l'ordre du désordre; c'est là le foyer de l'islam, d'où rayonne cette ardeur religieuse qui va réchauffer le monde musulman jusque dans ses recoins les plus obscurs et les plus éloignés [1]. Cette diffusion, cet éparpillement des éléments islamites fait la force des chefs musulmans, parce qu'ils peuvent faire sentir leur influence partout à la fois et parce qu'ils ont ainsi de bonnes bases d'opérations, de solides points d'appui qui leur permettent de maintenir et d'étendre leur action d'une manière continue et incessante [2].

Quoi qu'il en soit, la puissante tribu de Ouled-Sidi-Ech-Chikh leva l'étendard de la révolte, en 1864. Cette tribu, qui occupe le sud des provinces d'Oran et d'Alger, a une si grande influence dans ces parages, que les tribus de Harar, des Larouat du Ksal, des Hamian et du Djebel-Amour sont communément considérées comme faisant partie des Ouled-Sidi-Chikh [3]. En présence d'une insur-

1. Il existe entre les tribus arabes une sorte de télégraphie au moyen de signaux convenus, qui leur permet de répandre les nouvelles avec une rapidité extraordinaire.

2. *Histoire de l'insurrection des Oulad-Sidi-Ech-Chikh,* par le colonel Trumelet.

3. La tribu des *Oulad-Sidi-Ech-Chikh* est généralement connue sous le nom *francisé* de Ouled-Sidi-Ech-Cheikh.

rection qui menaçait de prendre une extension considérable, deux colonnes furent immédiatement formées : l'une, dans la province d'Oran, sous le commandement du général Deligny; l'autre, dans la province d'Alger, . sous les ordres du général Yusuf. Cette dernière comprenait une brigade d'infanterie commandée par le colonel Archinard[1]; du 1er régiment de tirailleurs et une brigade de cavalerie commandée par le colonel Abdelal et constituée avec trois escadrons du 1er chasseurs d'Afrique, trois escadrons du 3e hussards et deux escadrons du 1er spahis.

Les deux colonnes devaient marcher à la rencontre l'une de l'autre et chercher à écraser entre elles les contingents ennemis. Elles recevaient des ordres du gouverneur général,

---

1. *Archinard* (Pierre-Louis), né à Couder-Montpeyroux en 1815, entré à Saint-Cyr en 1835, sous-lieutenant en 1837, lieutenant en 1840, capitaine en 1844, chef de bataillon en 1852, lieutenant-colonel en 1855, colonel en 1858, général de brigade en 1866, général de division en 1876, commandeur de la Légion d'honneur en 1864.

le maréchal Pélissier, duc de Malakoff, qui, d'Alger, dirigeait les opérations. A sa mort, survenue presque inopinément, le général de Martimprey, sous-gouverneur, ne voulut pas endosser la responsabilité d'une pareille direction, et le général Yusuf, plus ancien que le général Deligny, fut le véritable commandant en chef des deux colonnes expéditionnaires.

« C'est à lui seul, dit le général Abdelal, que devait revenir la gloire du succès, si succès il y avait.

» Un plan hardi pouvait amener la soumission rapide et complète des insurgés. Il fallait, en laissant un rideau de troupes devant les Ouled-Sidi-Cheikh, lancer à marches forcées dans l'extrême sud les deux colonnes, opérer leur jonction, prendre l'ennemi à revers et le pousser en masse vers le nord. C'était audacieux et digne de tenter un grand capitaine; la réussite donnait le bâton de maréchal au général Yusuf. Ce plan est conçu et arrêté

en juin 1864. Yusuf en commence aussitôt
l'exécution, se porte sans retard dans le sud,
dépasse Aïn-Madhi[1] et, arrivé à Tadjrouna[2],
dépose ses tentes ainsi que ses gros bagages
et se prépare à tourner l'ennemi par une
marche rapide. La colonne allait partir quand
le commandant en chef est pris tout à coup
d'une funeste hésitation. Dans la crainte de
manquer d'eau en s'avançant plus au loin
dans le Sahara, effrayé aussi de la responsabilité qui devait lui incomber, en cas d'in-
succès, Yusuf donne contre-ordre. En vain, je
vais lui présenter les observations respec-
tueuses du subordonné et lui donner les conseils d'un ami dévoué ; en vain, je lui montre

1. *Aïn-Madhi*, petite ville fortifiée à 60 kilomètres ouest
de Laghouat, devenue célèbre parce qu'elle appartenait à
Si-Ahmed-Tedjini, marabout qui a fondé un des ordres
religieux auxquels sont affiliés une grande partie des Algériens. Voir le récit du siège d'Aïn-Madhi par Abd-el-Kader,
dans : *Trente-deux ans à travers l'Islam*, par Léon Roches.

2. *Tadjrouna*, à 120 kilomètres de Géryville, est un ksour
fortifié autour duquel se trouvent des terres arables. C'est
une oasis sans verdure et sans palmiers.

l'Oued-Zergoun nous conduisant à notre but; puis, changeant de langage, je lui fais entrevoir, en lui parlant arabe, la fortune qui lui tendait les bras et l'appelait à la plus haute dignité qu'un militaire puisse rêver. Il resta sourd à mes observations et à mes prières.

» Ce n'était plus le capitaine qui se lançait tête baissée dans la Casbah de Bône. C'était un général calculateur qui, par excès de prudence, manquait à sa fortune [1]. »

Lorsque le colonel Abdelal écrivait ces lignes, il ne connaissait pas sans doute les motifs qui avaient empêché le général Yusuf de mettre à exécution le plan qu'il avait formé. En cette circonstance, ses appréciations ne nous paraissent pas exactes. Nous lisons, en effet, dans l'*Histoire de l'insurrection des Oulad-Sidi-Ech-Chikh* [2], ouvrage établi sur des documents authentiques, le passage sui-

1. Notes inédites du général Abdelal.
2. *Histoire de l'insurrection des Oulad-Sidi-Ech-Chikh de 1864 à 1880*, par le colonel Trumelet.

vant : « Le gouverneur général avait prescrit au général Yusuf de se mettre en relation avec le général Deligny, afin de pouvoir combiner leurs opérations. Mais tous les efforts tentés par le commandant de la province d'Alger pour arriver à ce résultat furent infructueux ; toutes ses dépêches restèrent sans réponse ; le commandant de la province d'Oran, occupé ailleurs, ne voyait pas sans doute l'urgence de cette combinaison et se croyait peut-être assez fort pour lutter contre le marabout et le rejeter dans l'extrême sud ou dans le Maroc. Quoi qu'il en soit de ces hypothèses, nous le répétons, les tentatives du général Yusuf n'avaient pas abouti. »

Les critiques du colonel Abdelal, qui semblent être empreintes d'un certain sentiment de jalousie à l'égard de ses chefs, ne peuvent donc être admises que sous toute réserve. Les documents officiels en démontrent même l'inexactitude.

Voyant qu'il lui était impossible de mettre

son plan à exécution, le général Yusuf changea de tactique. Au lieu de poursuivre l'ennemi à outrance et de l'anéantir dans un combat décisif, il résolut de prendre les tribus révoltées par la faim, par la soif et par l'abreuvoir de leurs troupeaux. C'est, du reste, la véritable et la plus sûre manière de faire la guerre dans le désert. Le proverbe arabe dit avec raison : *Dans le Sahara, loin de notre pain, près de notre soif.*

La colonne du général Yusuf manœuvra pendant quelque temps entre Tadjrouna et Laghouat, remporta quelques succès partiels et rejeta dans le Sahara les contingents du marabout.

La cavalerie fit une marche exceptionnelle bien supérieure, comme vitesse, à toutes celles faites en France et racontées si pompeusement par les journaux. Le 2 juin, dans la soirée, le colonel Abdelal part d'Aïn-Madhi avec les cavaliers réguliers de la colonne (deux escadrons du 3e hussards, deux escadrons du 1er chasseurs d'Afrique et deux escadrons du 1er spahis); il se porte rapidement sur El-Maïa, surprend le ksar, s'empare de ce qui s'y trouve et rentre au camp dans l'après-midi du 3 juin. Il avait parcouru vingt-six lieues en vingt-quatre heures. Et, comme les escadrons avaient déjà fait une étape de plus de 40 kilomètres, pour se rendre à Aïn-Madhi, dans la journée du 2 juin, il s'ensuit qu'ils firent en réalité près de *trente-sept* lieues en trente-six heures [1]. Cette marche montre ce que peut faire une troupe de cavalerie entraînée, bien dirigée et commandée par un chef alerte et vigoureux.

Les tribus des Flitas et de l'Oued-Rihou sollicitèrent et obtinrent l'aman aux conditions fixées par le gouverneur intérimaire, le général de Martimprey. Ce nouveau succès fut considéré comme le début de la pacification des insurgés. La colonne Yusuf fut dissoute et

____

1. Dans cette marche rapide, il n'y eut que 15 chevaux sur 710 qui furent mis hors de service.

les deux éléments qui la composaient furent dirigés, le 1er juillet, sur les places et postes qui leur avaient été affectés.

Le colonel Abdelal, qui commandait la brigade de cavalerie de cette colonne, avait espéré qu'il serait chargé de poursuivre le marabout dans le Sahara et d'exécuter le mouvement tournant qu'il avait prôné au général Yusuf. Il comptait sur la réussite de cette marche rapide et, comme conséquence personnelle, il voyait briller dans le lointain les étoiles de général. Ce n'était qu'un mirage et il devait durer encore cinq ans.

Si-Mohamed-Ould-Hamza s'était enfui à notre approche et réfugié dans les parties presque inaccessibles du désert, où il avait été suivi par de nombreux contingents et, entre autres, par les cavaliers des Mekhadma, des Chaâmba, des Ouled-Sidi-Cheikh et de plusieurs douars des Harars. Il se trouvait donc encore à la tête de forces considérables. Aussi, dès qu'il apprit

que nos colonnes étaient rentrées dans le Tell
et avaient été dissoutes, n'hésita-t-il point à
revenir sur ses pas et à se diriger sur Frendah,
où il espérait ramener à lui les tribus hésitantes.

En présence de cette nouvelle incursion du
chef des rebelles, le général commandant la
province d'Alger voit le danger de la situation
et juge qu'il ne lui est plus possible de laisser
à ses troupes le repos qu'il comptait leur
donner. Il se décide immédiatement à reprendre, même pendant les chaleurs torrides
de l'été, la série des marches et contremarches
qui constituent à peu près toutes les opérations de guerre dans les régions saha-
riennes. Une nouvelle colonne expéditionnaire est envoyée dans le sud au mois de septembre.

« Mais le général Yusuf, vieilli et déjà sous le
coup de la maladie qui devait l'emporter,
conduisit les opérations sans vigueur, et le
brillant fait d'armes du général Liébert, à Aïn-

Malakof [1], marqua seul cette campagne [2]. »

Cette appréciation sévère de la conduite du général Yusuf est empreinte d'exagération. L'*Histoire de l'insurrection des Oulad-Sidi-Ech-Chikh* [3], en 1864, prouve au contraire que le général Yusuf ne resta pas au-dessous de sa tâche et qu'il conduisit avec intelligence et vigueur la colonne qu'il commandait. Du reste, le colonel Abdelal ajoute : « Les insurgés arrivèrent par suite de la longueur des hostilités à un état d'épuisement complet qui les força à se soumettre [4]. »

A la suite de cette expédition, le colonel Abdelal fut proposé pour la croix de commandeur et reçut cette nouvelle distinction dans le

1. Le combat du 7 octobre, qui prit le nom d'Aïn-Malakof, fut livré en réalité sur un point nommé *El-Ateuf-el-Mekam*. C'est ainsi d'ailleurs que le désignent les gens du pays.

2. Notes inédites du général Abdelal.

3. *Histoire de l'insurrection des Oulad-Sidi-Ech-Chikh de 1864 à 1880*, par le colonel Trumelet.

4. Notes inédites du général Abdelal.

courant de l'année 1865. Il était officier de la Légion d'honneur depuis dix ans.

L'âge et les fatigues n'avaient abattu ni son ardeur ni son entrain; toujours brillant et hardi cavalier, il avait conservé le goût de l'équitation et ne montait que de magnifiques chevaux arabes. Il avait, pour ainsi dire, l'instinct du cheval et, sans avoir fait une étude approfondie de l'hippologie, il savait discerner à première vue les qualités et les défauts d'un cheval. Son régiment était admirablement monté; dans ce but, il avait attiré à lui les fils des familles riches et influentes, dont il avait su flatter l'amour-propre et qui se piquaient d'honneur de se présenter toujours sur de superbes et vigoureux chevaux. Comme tous les hommes de sa race, les mameluks, il aimait à parader et à faire de la *fantasia*. Chaque fois que l'occasion se présentait, il ne manquait pas de stimuler le zèle de ses spahis pour les exercices équestres. Cette émulation bien dirigée eut les plus heureux résultats.

Aussi, tous les ans, les généraux inspecteurs se plaisaient-ils à constater la vigueur et l'entrain des cavaliers du 1er régiment de spahis.

Le colonel Abdelal travaillait peu, mais il savait faire causer les personnes compétentes sur les sujets qui l'intéressaient; et, comme tous ceux qui ont une intelligence prompte et un jugement sain, il discernait dans ces causeries les appréciations justes et utiles et les mettait toujours à profit quand l'occasion se présentait. Il connaissait les hommes, savait en tirer parti et suppléait par sa finesse d'esprit au manque d'instruction première.

Pendant qu'il commandait le 1er spahis, il constata des lacunes et des défauts dans l'organisation de ce régiment. Il résolut de les faire disparaître et rédigea un mémoire détaillé sur la réorganisation des spahis[1], mémoire qu'il adressa au général d'Allonville, avec lequel

---

1. Ce projet de réorganisation des spahis a été écrit sur des feuilles volantes qui ont été égarées au moment du départ précipité du général Abdelal pour l'armée de la

il avait conservé des relations d'amitié depuis la guerre de Crimée. Nous n'avons pas retrouvé ce travail, dont il ne reste plus de trace dans les papiers laissés par le général Abdelal ; mais, d'après des renseignements qui nous ont été donnés, il y était question de la création d'escadrons de spahis célibataires, projet qui a été réalisé quelques années plus tard. Voici du reste la lettre que le général d'Allonville écrivit à ce sujet au colonel Abdelal.

« J'ai reçu le travail que vous m'avez adressé sur l'organisation que vous proposez d'un régiment de spahis provisoire. J'approuve vos idées, je les trouve fort justes et dignes d'être prises en considération. Toutefois le moment ne me paraît pas opportun pour présenter ce mémoire avec quelque chance de succès. Je le conserverai donc jusqu'au jour où

Loire. La copie, qui a été envoyée au général d'Allonville, n'a pu être retrouvée. Toutes les recherches ont été infructueuses.

je croirai pouvoir le faire connaître à qui de
droit d'une manière profitable aux propositions
qu'il renferme. Le choix des hommes et des
chevaux devra être fait par quelqu'un connaissant le pays, et je ne vois personne qui en soit
plus capable que vous.

» Je choisis cette occasion de vous renou-
veler l'assurance de mes sentiments affectueux [1].

» G^{al} de d^{on} D'ALLONVILLE. »

De 1865 à 1870, on n'eut pas à réprimer la
plus petite révolte dans la province d'Alger,
excepté, aux environs de Laghouat, une incursion de Khaddour-ben-Hamza, qui fut battu à
Aïn-Madhi par le colonel de Sonis. Les tribus
insurgées, après avoir été appauvries par de
forts impôts, eurent leurs récoltes saccagées
par les sauterelles et furent ensuite déci-

1. Cette lettre est datée de Versailles, le 22 février 1860.

mées par te typhus et la famine; leurs troupeaux périrent en grande partie; la misère fut générale et si complète, que le gouvernement français se vit dans la nécessité de subvenir lui-même à la subsistance des indigènes. Des actes de vandalisme et d'inhumanité sans nom eurent lieu sur plusieurs points. Pour prévenir toute coalition qu'un fanatique intéressé pouvait faire naître dans la pensée de ces malheureux affamés, des colonnes expéditionnaires furent envoyées dans toutes les directions. Le colonel Abdelal en commanda plusieurs, et, grâce à sa connaissance des Arabes, parvint à ranimer le courage des plus abattus et à ramener le calme dans l'esprit des plus exaltés.

A la fin de l'année 1868, sur des promesses vagues qui lui avaient été faites et qu'il considérait comme sérieuses, il espérait être nommé général de brigade. Colonel depuis 1859, il se croyait en droit d'être promu au grade supérieur. Pendant toute sa carrière, il avait eu un avancement si rapide, qu'il ne pouvait se faire à l'idée de rester aussi longtemps dans la même position. L'ambition commençait à hanter son esprit et il se plaignait parfois de l'injustice dont il était l'objet. Il ne se doutait pas alors que ce ne serait qu'après la défaite de nos armées qu'il obtiendrait les deux étoiles si ardemment désirées !

Guerre contre la Prusse. — Abdelal est nommé général de brigade; il est envoyé à l'armée de la Loire et placé à la tête de la 3e brigade de la division Ressayre. — Sa vigoureuse reconnaissance en avant du 16e corps. — Il est nommé général de division et reçoit le commandement du 18e corps d'armée; il refuse. — Causes de ce refus; il accepte le commandement de la division de cavalerie du 19e corps d'armée. — Il est nommé général de division à titre définitif. — La commission de revision des grades le remet général de brigade; il est mis en disponibilité.

Lorsque la guerre de 1870 éclata, Abdelal était toujours colonel du 1er spahis et eut le regret de ne pas faire partie de la première armée appelée à combattre la Prusse. Les batailles sanglantes de Wissembourg, de For-

bach, de Frœschwiller, de Borny, de Gravelotte
et de Saint-Privat firent de nombreuses victimes, et il fallut remplacer les officiers tués à
l'ennemi. Abdelal fut promu au grade de
général de brigade le 23 août 1870; mais il
n'eut pas encore la bonne fortune de quitter
l'Algérie pour marcher contre les Allemands;
on le plaça à la tête de la subdivision de
Médéah qu'il habitait depuis longtemps, dont
il connaissait toutes les tribus et qu'il avait
commandée plusieurs fois par intérim.

Après la capitulation de Napoléon III à
Sedan et la révolution du 4 Septembre, le
gouvernement de la Défense nationale, loin de
demander la paix, proclama la guerre à
outrance et fit appel à toutes les forces vives
de la nation. On organisa en toute hâte une
nouvelle armée à la tête de laquelle furent
placés les généraux et les officiers disponibles
et encore susceptibles de faire campagne.

Abdelal fut appelé un des premiers et envoyé
à l'armée de la Loire pour y prendre le com-

mandement de la 3ᵉ brigade[1] de la division Ressayre, qui faisait partie du 16ᵉ corps d'armée commandé par le général Chanzy[2]. Il rejoignit sa brigade à Blois. A ce moment, le général

1. La 3ᵉ brigade était composée : 1° du 3ᵉ régiment de marche de cuirassiers; 2° du 4ᵉ régiment de marche de dragons; 3° du 4ᵉ régiment de cavalerie légère mixte.

2. *Chanzy* (Antoine-Eugène-Alfred), né à Nouart (Ardennes) en 1822, engagé volontaire à seize ans dans la marine, passa ensuite dans l'artillerie et fut reçu à Saint-Cyr en 1840. Il fut envoyé en Algérie, passa rapidement lieutenant, capitaine et fut nommé chef du bureau arabe de Tlemcen. Chef de bataillon en 1859, il fit la campagne d'Italie et prit part à la campagne de Syrie comme lieutenant-colonel. Après le départ du général de Beaufort, il fut nommé chargé d'affaires en Syrie. Colonel en 1864, il reçut le commandement de la subdivision de Sidi-Bel-Abbès. Général de brigade en 1868, et général de division le 22 octobre 1870, il fut d'abord placé à la tête du 16ᵉ corps d'armée, puis il eut le commandement de la deuxième armée de la Loire. Dans sa marche en retraite sur le Mans, il déploya des qualités militaires qui le placèrent au premier rang de nos généraux. Nommé député à l'Assemblée nationale et plus tard sénateur inamovible, il prit une part active dans toutes les commissions de réorganisation de l'armée. Il fut ensuite nommé successivement gouverneur général de l'Algérie, ambassadeur à Saint-Pétersbourg et enfin commandant du 6ᵉ corps à Châlons où il mourut en 1883.

d'Aurelle de Paladines[1] voulait tenter de reprendre Orléans, qui devait être la base des opérations dont le but était la délivrance de Paris. Pour couvrir les divers mouvements de concentration de l'armée sur la rive droite de la Loire, des reconnaissances furent poussées au loin et le général Abdelal fut désigné pour les diriger.

Lorsque le général et les grands services du 16e corps s'établirent à Marchenoir, tous les avant-postes[2], protégés par des retranche-

1. Le général d'Aurelle de Paladines commandait alors le 15e et le 16e corps d'armée.

2. Les avant-postes se composaient : du 1er bataillon de Loir-et-Cher échelonné de Roches à Saint-Laurent-des-Bois, par Brien, Lorges et Poisly ; des francs-tireurs du commandant Liénard (Seine-et-Marne, Indre-et-Loire et Calvados) à Saint-Laurent-des-Bois et Villegmon occupant les fermes des Boëches et du Bois-d'Enfer ; de la brigade Abdelal (4e dragons et 4e cavalerie mixte), moins le 3e cuirassiers laissé en réserve à Marchenoir et à Autainville avec une batterie d'artillerie et un bataillon du 39e de marche ; d'un bataillon du 33e mobile (Sarthe) réparti entre la Colombe, le Jannet et Ecoman, gardant les défilés du Grand-Étang et du Bourbeux, par lesquels l'ennemi pouvait déboucher sur Viéry-le-Rogé ; de cinq compagnies des

16

ments en terre, des coupures et des abatis sur les routes et les chemins, furent placés sous les ordres du général Abdelal, établi de sa personne à Autainville.

Le 6 novembre, le général Abdelal informait que l'ennemi semblait préparer un mouvement offensif et avait requis un grand nombre de moyens de transport aux environs d'Épieds et de Coulmiers. Il demandait en même temps à se porter lui-même sur Verdes avec des renforts qui lui furent immédiatement envoyés. Son but était de pousser le plus loin possible dans la direction de la

mobiles de Maine-et-Loire, à Ecoman; de deux autres compagnies à la Girardière et à la Boissière; du 2ᵉ bataillon du Gers à Morée, détachant une compagnie à la Charonière et une autre à Saint-Jean-Froidmontel pour se relier avec le 1ᵉʳ bataillon du même département en position à Clayes; des francs-tireurs de la Haute-Loire sur la rive droite du Droué, surveillant cette partie du Perche; enfin des francs-tireurs de Paris (lieutenant-colonel Lipowski) et de ceux de la Sarthe) (commandant de Foudras) couvrant Clayes, occupant la chapelle du Noyer, Thiville et la Ferté-Vilneuil. pour éclairer l'aile gauche de l'armée dans la direction de Châteaudun.

grand'route qui va d'Orléans à Châteaudun, et de se rabattre ensuite sur les positions à droite de la forêt en tournant Ouzouer-le-Marché, de façon à bien reconnaître les emplacements occupés par l'ennemi, qui paraissait établi principalement à Saint-Péravy, Saint-Sigismond, Cheminiers, Coulmiers, le Grand-Luz, La Renardière, Baccon et tout le long des Mauves de Huisseau jusqu'à Meung.

Cette forte reconnaissance s'était mise en marche dès le 7 novembre au matin, dans la direction de Verdes, lorsqu'à dix heures et demie on entendit des détonations fréquentes d'artillerie en avant de Saint-Laurent-des-Bois. La canonnade devint bientôt assez vive pour que le général commandant le 16e corps jugeât nécessaire de se porter sur les lieux, emmenant le 3e bataillon de chasseurs à pied et deux mitrailleuses, tandis que la brigade Bourdillon appuyait le mouvement.

« Le général Abdelal, qui avait également entendu la canonnade, avait fait rentrer sa reconnaissance parvenue à Verdes, et avait dirigé sur Vallières le régiment de dragons, en même temps qu'une batterie à cheval, soutenue par un escadron de cuirassiers, se portait d'Autainville sur le village ou par la lisière de la forêt. Ces renforts apparaissaient déjà vers deux heures, lorsque la brigade Bourdillon débouchait de Saint-Laurent. Bientôt une batterie de quatre et des mitrailleuses purent entrer en ligne et appuyer le mouvement de deux colonnes d'infanterie qui se portaient résolument en avant. L'ennemi, qui avait vigoureusement résisté jusque-là, se retira alors sur Vallière; mais il dut bientôt l'abandonner à l'approche des dragons du général Abdelal, qui entourèrent la partie ouest du village et s'y jetèrent résolument, faisant prisonnière une compagnie bavaroise qui n'avait pas eu le temps de battre en retraite [1].

Ce combat était le premier engagement sé-

1. *La Deuxième Armée de la Loire*, par le général Chanzy.

rieux de l'armée réunie sur la rive droite de la Loire; il fut un véritable succès et eut sur nos jeunes troupes une grande influence. « Dans le combat de Vallière, dit le général, d'Aurelle de Paladines, le général Abdelal, comme toujours, s'était montré vaillant soldat [1]. »

Le 8 novembre, les deux brigades de cavalerie du général Ressayre, qui étaient au Mans, rallièrent la brigade Abdelal à Autainville, pour gagner de là, entre Gandonville et Prénouvellon, des positions assignées par le général Reyau [2], chargé pour la circonstance du commandement de toute la cavalerie du 15e et du 16e corps.

Le 9 novembre, le général d'Aurelle de

1. *La Première Armée de la Loire*, par le général d'Aurelle de Paladines.

2. *Reyau* (Jean-Henri), né à Pau en 1799, entré aux gardes du corps en 1814, sous-lieutenant en 1816, lieutenant en 1822, capitaine en 1823, chef d'escadrons en 1831, lieutenant-colonel en 1839, colonel en 1843, général de brigade en 1848, général de division en 1851, grand officier de la Légion d'honneur en 1859.

Paladines voulait débusquer l'ennemi de Charsonville, Épieds, Coulmiers, Saint-Sigismond, et prononcer sur son aile droite un mouvement tournant; son but était d'occuper solidement, à la fin de la journée, la route de Châteaudun à Orléans, en s'avançant le plus possible dans la direction des Barres, mais en tenant toutefois les positions qui devaient nous rendre maîtres des bois en avant de Rozières.

Pendant cette marche offensive de l'infanterie, les deux divisions de cavalerie sous les ordres du général Reyau avaient pour mission de se diriger sur Saint-Péravy, par Tournoisis de couper la retraite de l'ennemi sur la route de Paris et de couvrir le flanc gauche de l'armée française; mais elles devaient éviter de se séparer prématurément des troupes qu'elles devaient flanquer.

A huit heures, la cavalerie est à cheval et se met en mouvement sur deux lignes. En première ligne marche la division Ressayre, ayant dans ses intervalles deux batteries de quatre. Le général Reyau suit en deuxième ligne avec sa brigade de cuirassiers.

Les régiments s'avancent en ordre déployé et sont précédés d'une ligne d'éclaireurs.

La marche est fort lente d'abord. Il semble qu'on veut se conformer strictement aux ordres bien compris.

A neuf heures et demie, le bruit du canon se fait entendre à l'extrême droite, et, se rapprochant peu à peu, tourne bientôt sur toute la ligne. L'action est tout de suite chaudement engagée. La marche de la cavalerie s'accélère et les régiments sont bientôt sur les talons de leurs éclaireurs.

A midi, la bataille était engagée de toutes parts. Nos troupes avaient rencontré de fortes résistances qui avaient occasionné un temps d'arrêt dans l'attaque. Le général Ressayre arrêta ses escadrons et se rendit auprès du général Abdelal, un de ses anciens camarades d'Afrique, dont il écoutait volontiers les avis. La division était alors à peu près à hauteur d'Épieds, marchant sur Saint-Sigismond, a 500 mètres en arrière du chemin de Nids à Champs. Le général Abdelal fit remarquer au général Ressayre que les escadrons s'étaient un peu éloignés de la direction prescrite vers Tournoisis, qu'ils étaient entrés dans le terrain d'attaque des troupes qu'ils côtoyaient et que, par conséquent, il lui semblait sage d'obliquer un peu à gauche et d'attendre que les troupes engagées continuassent leur mouvement pour reprendre la marche en avant. Le général Ressayre semblait approuver cette détermination et vouloir se conformer à ces sages avis, lorsque des coups de fusil furent tirés sur la ligne des éclaireurs. Le général braqua sa lunette sur le village de Saint-Sigismond, qui lui sembla couvert par des retranchements derrière lesquels des troupes prenaient position. A ce moment, une dizaine de cavaliers sortirent du village et se placèrent sur un mamelon en avant. Quelques obus lancés avec précision les rejetèrent dans Saint-

Sigismond sur lequel nos escadrons reprirent leur marche.

Lorsque les éclaireurs, suivis de près par la première ligne, eurent dépassé le chemin de Nids à Champs, Saint-Sigismond se couvrit de fumée et une grêle d'obus tomba dans nos rangs et y jeta un peu de désordre. Les généraux commandèrent : *Au trot !* puis, à quelques centaines de pas plus loin, les régiments s'arrêtèrent, fermes et impassibles sous une pluie de projectiles, tandis que le général Ressayre faisait prendre position à son artillerie, qui répondait à l'artillerie bavaroise.

La lutte n'était pas possible entre des batteries solidement retranchées et des batteries complètement en l'air. Nos pièces furent couvertes par les projectiles ennemis et le commandant d'artillerie fit prévenir qu'il pouvait être réduit d'un moment à l'autre à abandonner ses canons.

Alors le général Ressayre appella à lui un officier et l'envoya chercher en toute hâte le général Abdelal; il voulait lui donner des instructions pour prononcer un mouvement offensif, avec sa brigade, sur le flanc droit de la position ennemie. Le général parlait encore qu'un obus, tombant entre lui et l'officier qui l'écoutait, tua leurs chevaux et blessa le général à la jambe.

A ce moment, le général Reyau ordonnait à toute sa cavalerie de battre en retraite et faisait prévenir le général Abdelal de prendre le commandement de la division Ressayre. Après avoir recueilli son artillerie, qui avait été fortement éprouvée, le général Abdélal fit sonner le demi-tour et ce mouvement en arrière s'exécuta avec le plus grand calme. Lorsqu'il eut dépassé les colonnes d'infanterie de la brigade Delplanque, le général remit sa division face à l'ennemi et l'arrêta à l'abri des projectiles qui l'avaient accompagnée dans sa marche rétrograde.

Il était environ trois heures de l'après-midi; un officier d'ordonnance du général Chanzy arrive au galop, pour s'informer de ce que la cavalerie avait fait. Il court au général Abdelal dont il approuve le projet de reprendre lentement la marche qui avait été prescrite. Les premières positions ennemies avaient été vaillamment enlevées ; un succès paraissait certain, il fallait être prêt à y concourir. Le général Abdelal envoie un officier au général Reyau, qui continuait à battre en retraite, pour le prévenir de son mouvement offensif. Le général Reyau était depuis sept ans dans le cadre de réserve. Il avait conquis ses grades pendant une époque pacifique où il n'eut l'occasion de se distinguer que sur le terrain de manœuvres. A l'âge de soixante-douze ans, il voyait le feu pour la première fois. Il n'y a donc pas lieu de s'étonner si, dans cette circonstance, il n'eut pas toute la lucidité, tout le calme, toute l'initiative qui eussent amené une détermination plus conforme aux nécessités du moment.

Le général Reyau accueillit fort mal l'officier envoyé par le général Abdelal. Il s'étonna que celui-ci ne se fût pas conformé à ses ordres formels de battre en retraite et renvoya au général Abdelal l'ordre de reprendre sa marche en arrière et de venir immédiatement lui parler.

Le général Abdelal obéit et se rendit au galop auprès du général Reyau. Une discussion assez vive eut lieu; le général voulait arrêter la retraite et soutenait qu'une marche en avant était opportune et indispensable. Sur ces entrefaites, on aperçut une troupe d'infanterie sur la gauche, venant de la direction de Châteaudun. Le général Reyau crut qu'il était tourné et reprit, sans plus rien entendre, sa marche rétrograde, éloignant ainsi du champ de bataille toute cette belle cavalerie qui aurait dû y jouer un rôle si important et peut-être décisif. Fatale erreur! Une reconnaissance envoyée par le général Abdelal fit connaître peu de temps après que la troupe qui avait semblé menacer la cavalerie n'était autre chose que le bataillon des francs-tireurs de Lipowski.

Les escadrons arrivèrent le soir à Serron-

ville et c'est par une épouvantable bourrasque
que les hommes fatigués s'établirent pour
passer la nuit sur une terre dure que recouvrit
bientôt une épaisse couche de neige.

Le lendemain matin, le général Reyau apprit le succès de l'armée française et, en même
temps, reçut l'ordre de se porter sur Tournoisis, village qu'il aurait dû occuper la veille
à la fin du jour. S'il avait écouté les sages avis
du général Abdelal, il est facile d'apprécier
quelles eussent été les résultats produits par
ces deux divisions de cavalerie lancées à la
poursuite d'un ennemi en complète déroute[1].
Trente dragons et quinze hussards pris dans

1. Le général Chanzy, dans son ouvrage sur l'armée de
la Loire, jugeant la conduite de la cavalerie à Coulmiers,
s'exprime en ces termes : « La cavalerie n'avait pas été
moins brillante ; elle s'était portée avec beaucoup d'audace
sur la droite de l'ennemi, avait parfaitement supporté un
feu des plus meurtriers, et n'avait eu que le tort de ne pas
comprendre le rôle important qu'elle eût pu jouer à la fin
de la bataille si elle se fût trouvée à la chute du jour sur
les positions qui lui avaient été assignées, au lieu d'engager
contre les défenses des villages une lutte dans laquelle son
artillerie, exposée de trop près, s'était épuisée en vain, et

les escortes, et réunis par le chef d'état-major de la division Jauréguiberry, atteignirent une colonne et ramenèrent deux pièces et leurs servants, vingt-cinq caissons, une centaine de prisonniers, dont cinq officiers.

Proposé pour le grade de général de division sur le champ de bataille, le général Abdelal fut promu à titre provisoire, le 23 novembre, et en même temps investi du commandement du 18ᵉ corps d'armée qui venait d'être formé.

Peu préparé à d'aussi hautes fonctions et peu confiant aussi dans la valeur des troupes qui lui étaient confiées, il ne crut pas pouvoir assumer la responsabilité d'un commandement aussi important. Voici les raisons qu'il donne lui-même de son refus, dans une lettre écrite à madame Abdelal :

avait beaucoup souffert sans produire d'autre résultat sérieux que de s'attirer elle-même des pertes qu'elle aurait pu éviter. »

1. Tous ces détails sur la bataille de Coulmiers sont extraits de la *Revue de cavalerie* du mois février 1886.

« J'ai reçu l'ordre de prendre le commandement du 18ᵉ corps d'armée. Tout bien réfléchi, je suis parti pour Orléans, me suis arrêté chez le général d'Aurelle et lui ai déclaré que j'étais on ne peut plus honoré de la preuve de confiance dont j'étais l'objet, mais que je ne me sentais pas l'aptitude nécessaire pour remplir convenablement la haute mission qui m'était confiée. Pour commander une armée, un corps d'armée, ajoutai-je, il faut avant tout être initié à tous les détails de l'art militaire ; et, comme sous ce rapport mes connaissances laissent à désirer, je croirais manquer à mes devoirs, à l'honneur, si, par amour-propre ou par ambition, j'acceptais une situation qui pourrait plus tard compromettre le succès de nos armes ou celui des troupes confiées à mon commandement.

» Le général d'Aurelle m'a écouté avec bonté, mais avec une peine extrême ; il m'a supplié d'accepter en m'assurant que mon expérience de la guerre et mon intelligence suppléeraient amplement aux qualités qui me faisaient défaut. Puis il a appelé le général Borel, son chef d'état-major, et l'a poussé à m'engager à accepter. Je me suis obstiné. Alors, le général Borel dit au général d'Aurelle : « Mon général, Abdelal se conduit en » homme d'honneur et prouve qu'il a le cœur » placé plus haut qu'on ne pense ; la conduite » qu'il tient est au-dessus de tout éloge : car on » n'abandonne pas une position enviée sans » éprouver de cuisants regrets ; ici, il met tout » de côté, ambition, honneurs, dans le seul in- » térêt de la défense. La responsabilité qu'on » veut faire peser sur lui est écrasante... » Enfin, je me suis retiré en recevant de sympathiques et cordiales poignées de main et j'ai obtenu l'autorisation de partir immédiatement pour Tours afin d'aller voir le ministre Gambetta.

» Arpès une nuit mortelle en chemin de fer je me suis fait annoncer au ministre. Il m'a adressé son secrétaire intime pour que je cause avec lui avant l'audience et, là, je lui ai fait connaître mes intentions. Le jeune homme, fort surpris, m'a supplié et m'a dit que Gambetta allait être on ne peut plus fâché.

» Cinq minutes après, j'étais chez le ministre, qui m'a bien accueilli et a écouté avec intelligence toutes mes raisons. Il a d'abord insisté pour me faire prendre le commandement du 18ᵉ corps d'armée; mais j'ai tenu bon et il a fini par me dire: «Général, vous êtes un homme » de cœur et un homme d'honneur. Je regrette » que vous ne vouliez pas vous faire violence; » j'eusse été bien heureux de vous voir accepter » ce commandement; car il n'y a qu'une voix » sur votre compte et personne ne vous appré- » ciera plus que moi. Nous allons vous donner » une division de cavalerie. Voyez M. de Freyci- » net de ma part, annoncez-lui que vous » refusez ce commandement du 18ᵉ corps » d'armée, car il est loin de s'y attendre et » arrangez ça avec lui ».

17.

» Là-dessus, révérence, et de là chez M. de Freycinet, même discours, même réponse.

» Renvoyé à Loverdo pour savoir quelle division me serait affectée. Loverdo tombe des nues en apprenant mon refus de prendre le commandement qui m'était offert. Enfin, ce soir, mon refus a été accepté et je vais être placé à la tête de la division de cavalerie du 19e corps d'armée. On va donner à Bourbaki mon 18e corps. Personne n'est encore nommé au commandement du 19e. La division de cavalerie de ce dernier corps est presque formée à Tours, et je pense que, dans huit jours, elle sera en route pour aller là où l'on placera le 19e corps.

» J'aurais désiré avoir la cavalerie du 16e corps ; mais il eut été mal de ma part de l'enlever au *paladin* légendaire. On ne peut pas me donner celle du corps de Sonis [1] ; malgré

1. *Sonis* (Louis-Gaston de), né à la Pointe-à-Pitre en 1825 entra à Saint-Cyr en 1844 ; sous-lieutenant en 1846, il servit avec distinction en Algérie et fut nommé lieutenant en

mon amitié pour lui, ma position eut été ridi-
cule. Je ne veux pas de la division Longuerrue [1]
et, par conséquent, d'un moment à l'autre, je
vais être nommé au commandement de la cavalerie du 19e corps.

» Pourquoi ai-je refusé? ma chère amie;
parce que je ne veux pas courir la chance

1850 et capitaine en 1854. Pendant la guerre d'Italie, il fit
une charge brillante à la tête de sa troupe et fut promu
chef d'escadrons. Lieutenant-colonel en 1865, il reçut le
commandement du cercle de Laghouat; au commencement
de 1869, il réprima avec beaucoup de vigueur un soulèvement organisé par des Marocains et fut nommé colonel. Au
début de la guerre de 1870, il demanda, mais sans succès,
à marcher à l'ennemi. Au mois d'octobre 1870, il devint
général de brigade, fut appelé en France au mois de novembre, nommé général de division et placé à la tête du
17e corps faisant partie de l'armée de la Loire. Le 2 décembre, il se conduisit de la façon la plus brillante à Vil-
lepion, près de Patay, enfonça le corps d'armée bavarois,
mais reçut une grave blessure à la cuisse, qui nécessita
l'amputation de la jambe. Grand officier de la Légion
d'honneur.

1. *Longuerrue* (René-Augustin *Galand de*), sous-lieutenant
en 1828, lieutenant en 1834, capitaine en 1840, chef d'escadrons en 1848, lieutenant-colonel en 1853, colonel en
1857, général de brigade en 1866; commandeur de la Légion
d'honneur.

d'éprouver un échec, de me mettre par suite dans le cas de compromettre soit les succès, soit même le salut d'une armée entière et de passer pour un lâche ou un incapable. Si l'armée était ce qu'elle devrait être, si elle avait un état-major indispensable, un commandant d'artillerie et du génie comme il en faudrait, un intendant débrouillard à même de pourvoir aux besoins des troupes si enfin ces mêmes troupes étaient uniquement composées de soldats bien encadrés, il ne resterait plus au chef qu'à mettre en pratique toute la stratégie dont son intelligence est capable, et, malgré ce qui me manque de connaissances en art militaire, j'eusse accepté avec bonheur, car j'eusse rendu service à mon pays. Mais aujourd'hui il faudrait que je pourvoie moi-même aux subsistances de mon armée dans un pays saccagé; il faudrait vingt officiers d'état-major pour un commandant de corps d'armée, et il n'y en a pas; il faudrait un bon commandant d'artillerie et du génie; mais hélas! Sedan et Metz ont absorbé ces deux armes presque complètement... A l'approche de l'hiver rude qui se prépare et devant toutes les raisons que je viens d'énumérer, j'ai dû chasser de moi tout sentiment personnel, toute idée regrettable d'amour-propre et de fausse ambition. J'ai refusé en déclarant franchement que la mission était au-dessus de mes forces. En agissant ainsi, je me sens le cœur moins oppressé, la conscience dégagée et j'ai la conviction intime d'avoir rempli un devoir sacré. A la tête d'une ou de deux divisions de cavalerie, je défie les Prussiens de me faire tourner bride, ils m'écraseront sur place, mais ne me mettront jamais en déroute. »

Cette lettre, pleine de simplicité, écrite sous l'impression du moment avec l'abandon de l'intimité la plus grande, fait connaître, mieux que tous les commentaires, les aspirations, les sentiments et le caractère de celui qui est l'objet de ce récit.

A cette époque néfaste de notre histoire, combien d'autres, ignorant les lois de la guerre et sans précédents militaires, ont accepté, avec une légèreté coupable, des hautes positions dans l'armée qu'ils étaient incapables de remplir.

Le général Abdelal reçut le commandement de la division de cavalerie [1] du 19e corps d'armée et consentit à marcher sous les ordres d'un général moins ancien que lui [2].

1.   19e *Corps d'armée*.
Division de cavalerie.

Commandant : Abdelal, général de division.
Chef d'état-major : Heilmann, chef d'escadrons.
Intendant : de Pérussis, sous-intendant.
Prévôt : Chévry, lieutenant de gendarmerie.

1re *brigade*	2e *brigade*
Commandant : de Kerhué, colonel du 3e hussards.	Commandant : de Vouges de Chanteclair, général.
3e régiment de hussards.	8e régiment de marche de dragons.
4e régiment de marche de hussards.	9e régiment de marche de cuirassiers.

2. Le commandant du 19e corps d'armée était alors le général Dargent.

« Avec la cavalerie, écrivait-il, j'étais dans mon élément et j'étais certain de l'employer suffisamment bien pour obtenir d'aussi bons résultats que possible. Du reste, dans les formations instantanées qui suivirent le 4 Septembre, la cavalerie resta composée de vrais soldats, parce qu'on ne pût improviser des cavaliers comme des fantassins. Les régiments de cavalerie de marche de l'armée de la Loire n'étaient pas beaucoup inférieurs aux régiments de l'armée du Rhin. »

Le général Abdelal, qui avait passé presque toute sa vie militaire en Afrique, n'avait jamais eu ni le goût, ni la facilité, ni le loisir de se livrer à l'étude des grands principes de stratégie et de tactique que tout commandant en chef doit avoir approfondis. Il s'était plus spécialement attaché à connaître les Arabes, c'est-à-dire l'ennemi qu'il était appelé à combattre journellement. Par sa connaissance de l'Algérie, par son intelligence à déjouer les stratagèmes et les embûches des indigènes,

par sa ténacité et son entrain, il excellait dans
la conduite des colonnes expéditionnaires et
il réussit souvent là où tout autre que lui eût
échoué. Mais la grande guerre, qui devient
une science de plus en plus complexe, lui était
à peu près inconnue et il ne crut pas devoir
assumer la responsabilité d'un commandement
de corps d'armée. Il fut au contraire heureux
de prendre le commandement d'une division
de cavalerie, et c'est à la tête de ses escadrons
qu'il couvrit la retraite des 19ᵉ et 21ᵉ corps
d'armée pendant la débacle d'Orléans et les
dernières opérations du général Chanzy sur le
Loir et la Mayenne.

Quoique trois de ses régiments eussent été
formés à la hâte, ils étaient composés pour
la plupart d'anciens soldats qui firent brillamment leur devoir durant toute la campagne.
Ni les fatigues, ni l'intempérie des saisons ne
ralentirent leur ardeur; le découragement qui
s'empare presque toujours des troupes qui
battent en retraite, leur fut inconnu. Secondé

par des généraux énergiques et des officiers vigoureux, le général Abdelal put accomplir, non sans peine il est vrai, la mission difficile qui lui était confiée. Ses cavaliers poussèrent de hardies reconnaissances et il n'y eut pas dans sa division des cas d'indicipline qu'on eut le regret de constater dans d'autres régiments.

En récompense des services qu'il rendit pendant cette douloureuse campagne, il fut nommé, le 5 février 1871, général de division à titre définitif[1]. C'est en cette qualité qu'il

1. A cette occasion, Gambetta lui écrivait la lettre suivante :

«Bordeaux, le 4 février 1871.

» Monsieur le général,

» Je reçois votre lettre du 30 janvier et je vous assure que demain *le Moniteur* contiendra votre nomination au grade de général de division à titre définitif, nomination que je trouve trop légitime pour la différer.

» Quant à l'armistice, je déplore plus que personne qu'on ait pu prendre une telle initiative sans consulter l'état respectif des armées. Je voudrais bien qu'il nous fût donné de revenir sur une telle convention et je crois qu'il faut traîner en longueur son exécution. Ce n'est qu'à la dernière extrémité que nous nous résoudrons à cette injuste et cruelle

fut mis en disponibilité le 16 mars, à la suite du licenciement de la 2ᵉ armée de la Loire.

Malgré ses demandes réitérées, le général Abdelal ne put prendre part à la lutte contre la Commune. Tous les commandements furent donnés aux généraux qui rentraient de captivité.

Le 16 septembre 1871, la commission de revision des grades lui enleva une de ses étoiles et le remit général de brigade pour prendre rang du 21 août 1870, date de sa première nomination [1]. Cette rétrogradation fut un coup terrible pour le général Abdelal. « Je

nécessité. Prenez, du reste, les instructions du général en chef, à qui nous avons adressé tous les documents et avis relatifs à cette grave affaire.

» LÉON GAMBETTA. »

Cette lettre est écrite tout entière de la main de Gambetta.

1. Le général Abdelal reçut en cette circonstance de nombreuses lettres de condoléance et d'encouragement, de ses amis et de ses anciens chefs. Le duc de Montpensier lui écrivit à la date du 30 décembre 1871 :

« Bonne année, mon cher Abdelal, et que Dieu vous protège ainsi que madame Abdelal et tous les vôtres. La princesse et mes enfants me chargent d'être leur interprète auprès de vous tous. Nous espérons bien vous revoir en 1872

ne veux pas, écrivait-il, apprécier l'arrêt qui m'a frappé ; mais je puis dire que je l'ai reçu avec une véritable stupeur. Désespéré, je faillis briser mon épée ; des encouragements venus de haut changèrent mes résolutions[1]. »

Le général Addelal se retira à Marseille, où il attendit plus d'un an qu'on le replaçât dans le cadre d'activité.

avec toutes les étoiles que vous devez avoir et qu'il m'est si douloureux de n'avoir pas pu contribuer à vous *rendre*, comme c'était de rigoureuse justice.

» Je vous expédie aujourd'hui une petite caisse qui contient les livres de Ducrot et de Palikao, que vous me renverrez sans presse quand vous les aurez lus ; mon *Voyage en Orient*, que je vous prie de garder dans votre cabinet comme témoignage du bon temps que nous avons passé ensemble en 1845 et d'une amitié que le temps n'a fait qu'augmenter et un petit souvenir que la duchesse voulait remettre elle-même à madame Abdelal et qu'elle vous prie de lui offrir de sa part.

» Nous comptons quitter Cannes le 9 ou le 10 janvier, pour assister au mariage de ma nièce Marguerite et revenir avant la fin de janvier ici, où nous laissons tous nos enfants.

» Et avec mille bons souvenirs de tous, croyez-moi toujours votre bien affectionné,

» ANTOINE D'ORLÉANS. »

1. Notes inédites du général Abdelal.

Le général Abdelal replacé dans le cadre d'activité (1872),
est envoyé à Cahors, à Toul, et reçoit le commandement
de la subdivision de Constantine. — Manœuvres de cavalerie dirigées par le général Abdelal ; lettre de félicitation
du ministre. — Conduite du général Abdelal pendant l'insurrection des Bou-Azid. — Visite du prince d'Orange à
Constantine. — Le général Abdelal est placé dans le cadre
de réserve (1877). — En 1881, on lui offre le commandement d'une colonne expéditionnaire en Tunisie ; son refus.
— Sa maladie ; sa mort.

Le 26 octobre 1872, le général Abdelal fut
replacé dans le cadre d'activité et appelé au
commandement de la subdivision du Lot.
Mais il n'occupa cette position que peu de
temps ; le 28 décembre 1873, il fut envoyé à

Toul, pour y prendre le commandement de la brigade de cavalerie du 6ᵉ corps d'armée. Il était à peine arrivé dans son nouveau poste qu'il reçut encore une nouvelle destination : le 15 janvier 1874, il fut envoyé en Afrique et placé à la tête de la subdivision de Constantine.

C'était au moment où une insurrection des plus formidables venait de toucher à sa fin. Les Arabes avaient déposé les armes, mais les idées d'insubordination et de révolte existaient toujours. Il fallait à la tête de la subdivion de Constantine un homme énergique, capable de calmer les esprits, d'apaiser les haines, d'étouffer les sentiments de vengeance, et qui sut inspirer la confiance aux indigènes. Personne mieux que le général Abdelal ne pouvait remplir cette mission difficile. Son long séjour au milieu des Arabes, sa connaissance parfaite de leurs mœurs et de leurs idées, enfin les amis qu'il s'était fait dans la province quand il était officier d'ordonnance des généraux Négrier, Baraguay d'Hilliers, et duc d'Aumale, toutes ces raisons avaient milité en sa faveur et l'avaient désigné au choix du ministre de la guerre.

Le général Abdelal apprit sa nouvelle nomination avec la plus grande joie. L'Algérie était son pays de prédilection; il était heureux d'y retourner. A Constantine, il retrouva tous ses souvenirs de jeunesse et, parmi les Arabes, beaucoup de camarades de combat. Son influence sur les indigènes eut les plus heureux résultats; on vit bientôt renaître la confiance et la tranquillité dans toute l'étendue de son commandement.

En 1875, il fut chargé de la direction des manœuvres de cavalerie dans la province de Constantine. C'était la première fois que de pareils exercices étaient exécutés en Algérie. Le général Abdelal, qui ne s'était guère occupé jusqu'alors des changements apportés dans la tactique de la cavalerie, s'en tira cependant à son honneur, quoiqu'il se trouvât dans des conditions peu favorables. Secondé par des officiers de mérite[1], il s'attacha non seulement à la rédaction claire et précise du programme et à la bonne et correcte exécution des manœuvres, mais il fit encore établir un compte rendu des opérations, détaillé et complet, qui est resté un modèle en ce genre. Ce rapport attira à juste titre l'attention du ministre de la guerre, qui écrivit la lettre suivante au gouverneur général de l'Algérie :

1. Le général Abdelal fut secondé dans ce travail par le lieutenant-colonel de Jessé du 3e chasseurs d'Afrique, aujourd'hui général de brigade, et par M. Baudot, lieutenant d'état-major. Le général adressa à ces deux officiers les lettres suivantes :

« Mon cher colonel,

» Je m'empresse de vous adresser la copie d'une dépêche du ministre de la guerre par laquelle il informe M. le gouverneur général qu'il a ordonné le dépôt aux archives de son état-major général, pour y être consulté au besoin, du compte rendu des manœuvres d'automne exécutées dans la province de Constantine.

» La large part que vous avez priss à ces manœuvres me fait un devoir de vous associer à la haute marque d'attention que M. le ministre de la guerre a bien voulu donner à ces

« J'ai l'honneur de vous faire le renvoi ci-joint des documents relatifs aux manœuvres d'automne dans la province de Constantine.

» J'ai conservé, pour être déposé aux archives de mon état-major général et y être consulté au besoin, le compte rendu des manœuvres qui donne une idée très complète de chacune d'elles et que j'ai examiné avec le plus grand intérêt. Les considérations générales qui terminent ce rapport méritent surtout de fixer

opérations, et je suis heureux de pouvoir de nouveau, ici, vous remercier du concours dévoué et intelligent que vous m'avez prêté.

» Général ABDELAL. »

« Mon cher lieutenant,

» Le ministre de la guerre a bien voulu manifester sa haute satisfaction à M. le gouverneur général pour les manœuvres d'automne de la province de Constantine, dont il a signalé le compte rendu très complet, et particulièrement les considérations générales qui y font suite.

» Je ne saurais mieux reconnaître la part que vous avez prise à ces opérations, qu'en vous adressant une copie de la dépêche ministérielle, et en profitant de cette heureuse circonstance pour vous remercier de nouveau de votre dévoué concours. »

» Général ABDELAL. »

l'attention par la justesse des appréciations et par la portée des critiques qui y sont contenues. »

A la suite des manœuvres d'automne et après avoir reçu la lettre élogieuse du ministre de la guerre, le général Abdelal comptait fermement être promu au grade de général de division au commencement de 1876; mais le mois de janvier ne lui apporta pas cette troisième étoile qu'il attendait avec tant d'impatience et il ne se consola jamais de cette nouvelle déception.

En 1876, une insurrection éclata dans le sud de la province de Constantine. Les Bou-Azid[1] du cercle de Biskra levèrent l'étendard de la révolte et cherchèrent aussitôt à entraîner les tribus voisines dans leur défection. La surexcitation des esprits était grande dans les

1. Voir pour plus amples détails notre ouvrage intitulé : *Insurrections dans la province de Constantine de 1870 à 1880.*

Zibans; il fallait frapper un coup décisif pour étouffer le germe de l'insurrection. Le général Carteret-Trécourt[1], commandant la division, réunit à la hâte les troupes qui se trouvaient à Biskra et marcha contre les Bou-Azid concentrés à El-Amri. Cette colonne avait pour but d'arrêter les progrès de l'insurrection, mais elle n'était pas assez forte pour arrêter les dissidents. Aussi le général Carteret donna-t-il l'ordre de lui envoyer dans le plus bref délai les renforts nécessaires pour attaquer et réduire les révoltés. Le général Abdelal déploya en cette circonstance une activité surprenante et parvint à former avec une rapidité digne d'éloges une petite colonne qui arriva à El-Amri le 22 avril. Cette concentration rapide de troupes arrêta les progrès de

1. *Carteret-Trécourt* (Simon-Hubert), né à Rolampont en 1821, entré à Saint-Cyr en 1841, sous-lieutenant en 1843, lieutenant en 1848, capitaine en 1853, chef de bataillon en 1859, lieutenant-colonel en 1863, colonel en 1865, général de brigade en 1870, général de division en 1875, grand-officier de la Légion d'honneur en 1880.

l'insurrection et décida la victoire. Le général Carteret le comprit si bien, qu'il adressa, d'El-Amri même la lettre suivante au général Abdelal :

« Mon cher ami, je vous remercie de tout cœur des félicitations que vous m'adressez à propos de la soumission des Bou-Azid. Nous avons été très heureux ; mais je vous avoue qu'au début j'ai eu de graves inquiétudes et je sais que vous avez vous-même pris part à notre situation. Grâce à vos efforts, les moyens qui me manquaient me sont arrivés aussi rapidement que possible et vous devez prendre votre part dans les éloges qui nous ont été adressés en cette circonstance. Pour mon compte, je vous prie de croire à ma bien vive gratitude.

» Ma tâche n'est pas finie et je dois faire une longue et surtout difficile enquête. Entre nous, *je n'ai personne pour me seconder.*

» Bien à vous de cœur,

» Général Carteret Trécourt. »

A la fin de l'année 1876, le prince Alexandre des Pays-Bas[1] fit un voyage en Algérie[2]. A Constantine, il fut reçu par le général Abdelal, et, lorsqu'il connut son origine, ses débuts en Afrique et son avancement rapide, il le prit en amitié et lui demanda de lui donner par écrit le résumé d'une vie militaire si bien remplie. C'est le travail qui a servi de canevas à notre œuvre.

En souvenir de l'accueil plein de déférence et de respect qui avait été fait à son fils, lors de son passage à Constantine, le roi des Pays-Bas conféra au général Abdelal le titre de grand officier de l'Ordre de la Couronne de Chêne; le prince Alexandre lui envoya son portrait.

Cette marque de distinction et ce souvenir gracieux flattèrent beaucoup le général Abde-

1. Le prince Alexandre des Pays-Bas est mort en 1884.
2. La relation de ce voyage a été publiée par le capitaine Beyerman, aide de camp du prince Alexandre des Pays-Bas. Cette relation est suivie d'une notice sur le général Abdelal.

lal, mais ne lui firent pas oublier son unique désir : celui d'être nommé divisionnaire. Quoique la limite d'âge approchât et qu'il dût être placé dans le cadre de réserve le 18 juillet 1877, il espérait toujours « qu'on réparerait l'injustice dont il avait été l'objet de la part de la commission de revision des grades[1]. »

Il écrivait encore à la date du 8 mars :

« Je vais bientôt avoir accompli quarante-six années de services effectifs. Sur le point d'atteindre l'âge fatal où il faut bon gré mal gré dire adieu au métier des armes, j'ai la satisfaction de le quitter en l'aimant comme au premier jour ; et, si les trois étoiles que j'attends me permettent de poursuivre encore quelques années ma carrière, c'est avec l'ardeur de mes premières années et mon enthousiasme de vingt ans que je continuerai à servir mon pays.

1. Notes inédites du général Abdelal.

» Les déboires n'ont pas plus fatigué mon cœur que les années n'ont fatigué mon bras[1].»

Ses vœux les plus chers ne furent pas accomplis. Le général Abdelal dut quitter l'armée avec le grade de général de brigade. Par décision du président de la République du 21 juin 1877, il fut admis à dater du 18 juillet de la même année dans la 2ᵉ section (réserve) de l'état-major général de l'armée.

A cette occasion, le général Chanzy, gouverneur général de l'Algérie, lui écrivit en ces termes :

« Mon cher général,

» C'est avec bien du regret que je vous vois vous éloigner d'un pays dans lequel vous rendiez depuis si longtemps de bons services et d'où vous emportez l'estime de tous et mon amitié.

1. Cette lettre était adressée à M. le capitaine d'artillerie Beyerman, aide de camp de S. A. R. le prince Alexandre des Pays-Bas, à La Haye.

» Je n'ai pas oublié votre dévouement pendant nos sombres journées sur la Loire et j'eusse été bien heureux de pouvoir vous rendre cette troisième étoile que vous avez si brillamment portée. Tous mes efforts dans ce but ont échoué. J'en ai éprouvé comme vous une véritable déception.

» Conservez-moi, mon cher Abdelal, un bon souvenir et croyez à mes sentiments bien affectueux et bien dévoués.

» CHANZY. »

Touché de cette lettre flatteuse, le général Abdelal répondit aussitôt au général Chanzy :

« Mon général,

» Je ne saurai jamais vous dépeindre d'une manière nette et précise le bonheur que j'ai ressenti en lisant la lettre que vous avez bien voulu m'adresser à la date du 24 juillet dernier.

» Personne ne sait mieux que moi tous les efforts que vous avez tentés dans le but de me faire rendre justice; j'étais comme vous sur les lieux et il n'y avait qu'une voix chez .les commandants de corps d'armée pour dire hautement l'intérêt que vous m'avez porté.

» Je vous conserverai, monsieur le gouverneur général, soyez-en bien convaincu, le plus dévoué et le plus respectueux des souvenirs. Je n'oublierai jamais les bontés que vous avez eues pour moi et je serai toujours fier d'avoir eu le bonheur de servir sous les ordres d'un chef tel que vous.

» J'aime trop mon pays pour désirer des circonstances difficiles qui me mettent à même de vous donner des preuves d'un dévouement absolu à votre personne, pour laquelle j'ai et j'aurai toujours la plus respectueuse sympathie ; mais, si jamais vous avez besoin de moi, vous me retrouverez avec mon énergie et mon bras d'autrefois.

» Soyez heureux, mon général. Les vœux d'un vieux soldat vous accompagneront par-

tout, vous, madame Chanzy et toute votre famille que j'aime.

» Général ABDELAL. »

Le général Carteret-Trécourt, de son côté,
ne voulut pas laisser partir le général Abdelal sans lui adresser ses plus sincères
compliments de condoléance. Et il lui écrivit :

« Le gouverneur me charge de vous exprimer ses regrets de voir l'Algérie privée de
votre expérience et de votre concours dévoué.
Je m'empresse de me conformer aux ordres
du Gouverneur, et de joindre à ses témoignages de sympathie l'expression de mes sentiments personnels.

» Depuis que j'ai été appelé au commandement de la division de Constantine, vous m'avez
prêté le concours le plus dévoué, surtout dans
les circonstances difficiles que nous avons eues
à traverser.

» Votre expérience m'a été précieuse et j'ai

apprécié votre connaissance approfondie des hommes et des choses de ce pays.

» Mes regrets vous suivent dans votre retraite où vous emportez la sympathie de tous ceux qui ont servi sous vos ordres. Ils garderont le souvenir de la sollicitude dont vous les avez entourés et de la bienveillance que vous leur avez témoignée en toutes circonstances.

» Général CARTERET-TRÉCOURT.

Le général Abdelal se retira à Marseille, où il vécut modestement au milieu d'un petit cercle d'amis. Peu de temps après, il demanda sa mise à la retraite, pour jouir de son entière liberté.

Depuis près de quatre ans, il menait, en dehors des bruits du monde et des agitations de parti, une existence tranquille et toute de famille, lorsqu'en 1881, on le sollicita de reprendre du service et d'accepter le commandement d'une colonne expéditionnaire. A ce moment, l'insurrection menaçait de se propager dans toute l'Algérie : le sud de la province d'Oran était déjà en feu et l'occupation de la Tunisie présentait chaque jour des difficultés nouvelles. Il fallait à la tête de nos troupes des généraux expérimentés, ayant une connaissance approfondie des hommes et des choses de l'Algérie. On jeta naturellement les yeux sur le général Abdelal, dont la carrière militaire s'était écoulée en Afrique, où son nom, parmi les Arabes, avait conservé tout le prestige de la bravoure et une influence considérable. A l'instigation de Gambetta, le général Farre, ministre de la guerre, lui fit de sérieuses ouvertures et lui offrit le commandement d'une colonne importante en Tunisie. Le général Abdelal ne crut pas devoir répondre favorablement à cette offre exceptionnellement flatteuse ; il déclina le grand honneur dont il était l'objet, voulant laisser à ceux qui l'avaient faite la responsabilité d'une situation alors grosse de périls.

Ce fait est sans précédent dans notre histoire

militaire. Sans doute, à la suite d'une guerre désastreuse, quand la plus grande partie de notre armée était prisonnière en Allemagne, de vieux généraux, depuis longtemps au cadre de réserve, ont été replacés à la tête de troupes régulières. Mais, dans une situation normale, comme en 1881, on n'a jamais vu offrir le commandement d'une colonne expéditionnaire à un général mis à la retraite, alors que les généraux en activité de service sont disponibles !

Le général Abdelal était déjà atteint de la maladie cruelle qui devait l'emporter. Sous des apparences froides et tranquilles se cachait une nature ardente que l'inaction devait fatalement entraîner à sa ruine. D'un tempérament de fer, dur à la souffrance, le général Abdelal ne voulut pas d'abord se soigner et lutta contre la maladie jusqu'au jour où il fut forcé de s'aliter. Il comprit alors que tout espoir de guérison était perdu et songea sérieusement à la mort. Sans être pieux, ni

dévot, il avait toujours eu un grand fonds de
religion et de foi; il demanda lui-même le
prêtre et remplit ses derniers devoirs religieux avec une piété touchante. Malgré les
plus cruelles souffrances, son calme et sa
résignation furent admirables; il conserva
jusqu'au dernier moment toutes ses facultés
et quitta la vie avec le courage du soldat et la
confiance du chrétien.

FIN

TABLE

BOURLOTON. — Imprimeries réunies, B, rue Mignon, 2.